汉字中的戏曲之美

王元鹿 主编
李 静 著

文匯出版社

序

王元鹿

有一件美好的东西，日日与您为伴，日日为您服务，您却常常忽视了它的美——内在的美与外在的美，这就是汉字。

汉字是我们伟大祖国的宝贵遗产之一。如果说到汉字的特点与特色，一言以蔽之，就是美。汉字的“美”包含了使汉字得以产生与发展的客观环境的美——有物质的美、精神的美、逻辑的美，还有大自然的美。汉字的“美”也反映在汉字自身的构成与形态上。造字方法的精巧，文字姿态的曼妙，都令人赞叹不已。

汉字的“美”有其历史过程。如以甲骨文的产生为起点，汉字至少已有三千多年的历史。何况甲骨文其实还不能算是汉字的最早形态。然而，即便在甲骨文与早期金文中，我们已经可以领略其古朴与端庄，还可以理解通过其字形背后的古代社会的历史、文化与生活现象，乃至我们祖先的造字的智慧 这 切，都是美不胜收的。

今天我们使用的现代汉字，已经是几经变化的形体，多少已失去了它们的早期风貌，也不易推断出祖先造字的依据。学者们的不懈努力，使我们逐步深入了解了古代汉字的来龙去脉，并进而通过古代文字的研究去搜寻我们祖先的生活状况及他们的精神风貌。可以说，从汉字看历史，又从历史来追溯汉字的渊源，既是一个科学研究的过程，又是一个欣赏文字美的过程。

必须说明的是，这套书是在参考古今许多文字学及相关学科专家研究成果的基础上写出的。限于丛书的体例，行文中引用或述及文字学专家或其他领域专家的观点与成果，一般不专门写出或注出他们的名字及这些著作的名称。在此，向这些专家致以衷心的谢忱。

美是需要去发现的。由于我们见惯并用惯了汉字，才使我们习以为常地不去注意其内部蕴藏着的美。这套丛书，就是鉴于此种情形策划设计的。从文字与文字相关的角度——语言、历史、文化、考古、文学等多个方面，全方位地挖掘并向读者展示汉字的美，是本丛书作者的美好愿望。如果读者随着我们的笔，在弄清一个个古文字的同时，进一步了解它们折射出来的中国古代社会历史与文化的方方面面，以及我们的祖先的思维特点与心路历程，这将是何等快意的事！

2012年7月写于华东师范大学中国文字研究与应用中心

目录

【“戏”之前世今生】

“戏”的繁体作“戲”，是个左声右形的形声字，左边的“虘”用符号“又”代替后成为简化字“戏”。王凤阳先生说：“‘戏’是个浑论性很高的词，它既可以是人们相互谈笑，也可以是游戏、游玩、角力、荡舟、看各种表演……总之，凡是使自己开心的都可以叫‘戏’。”如此众多的义项大都从“戏”的本义引申而来，而“戏”的本义需要从繁体字“戲”讲起。

“戲”的声旁“虘”，读作xī。徐灏《说文解字注笺》：“虘，盖陶器之似豆者，故从豆。”陶器怎么会长得像“豆”呢？提起“豆”，大家脑海里浮现出黄豆、豆包、豆皮、豆腐，唯独不能把“豆”跟陶制器皿联系起来。其实，早在甲骨文时期已经出现“豆”，字形作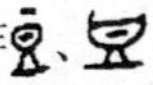，大家看像不像一个高脚盘？下面有脚，中间盛了东西，有的上面还有盖子。“虘”就是古代一种形状类似“豆”的陶制器皿。但在“戲”字中，“虘”只是作为“戲”的声旁，提示整个字的读音。

“戲”的形旁“戈”，甲骨文作，金文作，均是兵器的形象，中间一竖为兵器的长柄，上部一横是锋利的刃。“戈”在殷商时代的战争中是典型的进攻型兵器，用以横向击杀，所以有“横戈跃马”一说。甲骨文里有不少“戈”字做偏旁组成的字形，例如“戒、武、戍”等。从“戈”之字，多与战争、武力相关，例如“戒”字作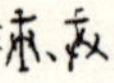，双手握持着戈，用以警戒不能预料之事；“武”字作，上面是“戈”，下面是“止”，即脚的形象，会合征伐示威义；“戍”字作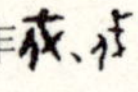，人立于戈下，表示人凭借戈进行守卫。作为形旁的“戈”，提示的是“戲”的意义范畴。

“戲”的本义是什么呢？《说文解字》释“戲”为“三军之偏也”。清代学者王筠曰：“凡非元帅则曰偏。”《左传 · 宣公十二年》：“韩献子谓桓子曰：‘彘子以偏师陷，子罪大矣。子为元帅，师不用命，谁之罪也？’”“桓子”是晋国军队的最高将领“元帅”，“彘子”不是元帅，他带领的军队并非主力部队，所以被称作“偏师”。《说文解字》又释“戲”为“兵也”，即兵械之名。不管是“三军之偏也”，还是“兵也”，都跟军备武器有一定的联系。

本与军事战争相关的“戏”字，为何又用来指称歌舞、杂技等表演？东方艺术史研究专家常任侠先生认为：“戏剧的起源与武舞关系甚大，是带着战斗的意义以俱来的。”《韩非子 · 五蠹》有“武舞”的记载：舜帝统治天下时，三苗不肯归顺，大禹准备讨伐他们。舜帝认为君主的德行不深厚，使用武力制服别人的做法不可取，于是“修教三年，执干戚舞，有苗乃服”。“干”是盾牌，“戚”是大斧。舜帝用三年的时间修行德教，手持斧盾跳舞，对三苗进行精神感化，最终使其归顺了。武舞作为戏剧的萌芽，有“战斗的意义”，这与“戏”的字形是相符的。

“戏”由本义最早引申出“角力、角斗”的义项。《国语 · 晋语九》载有“少室周知贤而让”的故事：少室周是位有勇力之士，担任赵简子的车右，负责在战争中保卫兵车，执干戈以御敌。少室周听说牛谈很有勇力，请求“与之戏”。此处的“戏”是“角力、角斗”义。二人角斗的结果是牛谈胜出，少室周就将车右的职务让给了牛谈。

《礼记·月令》载：“孟冬之月，天子乃命将帅讲武，习射御、角力。”早期的“角力”与“射御”即射箭和驾车，都是军队里传统的训练项目。随着社会文化的发展，“角力”的名称和内涵产生了变化。《汉书·刑法志》云：“春秋之后，灭弱吞小，并为战国，稍增讲武之礼，以为戏乐，用相夸视。而秦更名角抵，先王之礼没于淫乐中矣。”战国时期，“角力”已由单纯的搏击训练逐渐演变为彰显国家军事力量的“讲武之礼”，而“角力”在搏斗抗击中的娱乐观赏性也越来越受到人们的关注。到了秦汉时期，“角力”向着娱乐化方向发展，最终形成了“角抵戏”。

角抵图

引自王圻、王思义《三才图会》，上海古籍出版社，1988年。

汉代的角抵戏突破了单纯的歌舞表演，加入了简单的故事情节。据《西京杂记》所载：有个叫黄公的东海郡人，年轻时擅长法术，能够制服蟒蛇、抵御猛虎。黄公常佩赤金刀，用深红色丝绳束发，作起法术来，能够变出云雾山河。年老后的黄公力气衰退，再加上饮酒过度，已经不能施展法术了。秦朝末年，东海郡出现一只白虎，黄公带着赤金刀前去镇压，由于法术没有成功，反倒被老虎吃掉了。后来，关中一带的百姓将这件事编成节目来表演。到了汉朝，皇帝也将这个故事采入宫廷，作为角抵戏的一个节目。

表演《东海黄公》时，一个演员扮演黄公，另一个演员扮演老虎，采用歌舞形式表现人虎之间的搏斗。此时的角抵戏突破了早期以竞技为目的、以强弱定输赢的模式，演员需要结合人物的造型、武技来塑造特定的角色，表现规定的情节，这就为戏曲的形成奠定了基础。

角抵戏产生后，经历了唐代歌舞戏、参军戏等不同的发展阶段。到了南宋末年，蒙古铁骑南下，随着元朝的建立，国破家亡的汉族知识分子习以为常的传统文化信念受到空前挑战，加之元代统治者实行残酷的民族压迫政策，

关汉卿像

引自王长安《中国戏曲》，安徽教育出版社，2002年。

元杂剧演出壁画
引自陈静、燕妮《图说中国文化：艺术卷》，吉林人民出版社，2007年。

特别是废除科举制度长达81年，即使恢复科举取士后，也继续采取歧视汉族人的政策。汉族知识分子仕进无望，经济困顿，社会地位一落千丈，他们心有不平却无处申诉，满腹学问却报国无门，只有将一腔才情、满腔热血投注于勾栏瓦舍。这一时期，戏曲界名家辈出，佳作如林，被称作“元曲四大家”的关汉卿、白朴、郑光祖、马致远是其中的代表人物。他们用生花之笔创作出的《窦娥冤》《梧桐雨》《倩女离魂》《汉宫秋》等作品不仅在当时脍炙人口，就是在今天的舞台上也常演不衰。正是这批优秀剧作家的横空出世，铸造了元杂剧的辉煌，从而迎来了中国戏曲发展史上的第一座高峰。

元杂剧之后，中国古典戏曲先后又迎来明清传奇以及以京剧为代表的地方戏的兴起与繁荣。这些不同形制、不同声腔的戏曲是古代上至皇室贵族、下至平民百姓喜爱的休闲娱乐方式。它们一方面丰富、活跃了古人的精神文化生活，另一方面在我们今天的语言中也留有不少痕迹，表现之一就是产生了大量“戏”字组成的词语，例如戏子、戏具、戏房、戏蚂蚁等。

《红楼梦》第二十二回写道，贾母为宝钗过生日，请了戏班唱戏。心直口快的史湘云说戏班里的一个小旦跟林黛玉长得像，生气的黛玉对宝玉说：“我原是给你们取笑的？拿着我比戏子，给众人取笑。”旧时将戏曲演员称为“戏子”是种含贬义的称呼，黛玉恼羞成怒，便是因为“戏子”地位低微，常被看作下九流，遭人耻笑。另外，戏曲演员也被称为“戏文子弟”。明陆容《菽园杂记》卷十：“嘉兴之海盐，绍兴之余姚，宁波之慈溪，台州之黄岩，温州之永嘉，皆有习为倡优者，名曰‘戏文子弟’。”

清代张岱《陶庵梦忆·金山夜戏》：“余呼小仆携戏具，盛张灯火大殿中，唱《韩蕲王金山》及《长江大战》诸剧。”“戏具”是演戏用的简单布景和小道具，也称“砌末”。凡是舞台上需要的“砌末”，不管是生活中的文房四宝、茶具、酒具、扇子、灯笼等，还是战争打斗需要的刀、枪、剑、戟、棍、棒、鞭等，甚至船桨、马鞭、轿子、车旗等交通工具应有尽有，少一样也不行。作为舞台道具的“砌末”与生活中真实的用具有所不同，需要经过一定的变形和装饰。例如京剧舞台上的铡刀，用纸胎塑形，刀面与刀槽上还加有龙虎的图案；酒坛往往用藤条编织而成，外面裹有纸浆，再写一“酒”字。某些“砌末”还具有一定的假定性和象征性，例如旗子上画有车轮形状，便代表车辆；演员挥动水旗，象征波涛汹涌；剧中若有刮大风的情节，只需演员手持风旗在舞台上挥舞过场，就表示起风了。

《红楼梦》第五十四回：“小厮们忙至戏房，将班中所有大人一概带出，只留下小孩子们。”“戏房”一词，就是现代汉语里说的“后台”。后台规矩很多，例如各行演员都得按照固定位置落座，旦行坐大衣箱，生行坐二衣箱，净行坐盔头箱，末行坐靴包箱，武行、上下手坐把子箱。唐明皇饰演过丑角，故丑行在戏班中地位特殊，在戏房可以随便坐。所有人员在后台不得大声喧哗，不得擅动箱中各物，不得试戴、试穿盔帽、戏装等。总之，后台规矩大多是为了使后台秩序井然，保证演出的顺利进行。

清代李斗《扬州画舫录 · 新城北录下》："团班之人，苏州呼为戏蚂蚁，吾乡呼为班揽头。""戏蚂蚁""班揽头"都是称组织戏班的人，即班主。清富察敦崇《燕京岁时记 · 封台》："封印之后，梨园戏馆择日封台，八班合演，至来岁元旦则赐福开戏矣。""戏馆"是剧场的旧称，也叫"戏园"或"戏园子"。宋刘克庄《念奴娇 · 和诚斋》："戏衫抛了，下棚去，谁笑郭郎长袖。"戏曲演员演戏时穿的服装称"戏衫"，也叫"戏衣"或"戏装"。林海音《〈城南旧事〉代序》："戏台上这边贴着戏报子，那边贴着'奉厅谕：禁止怪声叫好'的大字。"这里的"戏报子"指的是海报。

除了"戏"字组成的词语外，日常语言中来自戏曲行当的语汇更是数不胜数。例如：在解决矛盾冲突的过程中，采取宽容忍让态度、充当令人喜爱的角色被称为"唱红脸"，反之叫"唱黑脸""唱白脸"；写文章或者讲话的开头部分被称为"开场白"；替他人临场助阵叫"捧场"；表演或者演讲的效果极佳，获得全场的鼓掌叫"满堂彩"；表示不赞同或者不满意发出的声音叫"喝倒彩"；替双方调解纠纷、处理尴尬的局面叫"打圆场"……还有"班底""幕后""自报家门""压轴""落幕""挑大梁"等等。由此可见，戏曲艺术对老百姓日常生活的渗透及影响，它不仅丰富了我们的语言，更滋养了一代又一代的中国人，传承了璀璨多姿的传统文化。

【弯“曲”与戏“曲”】

《诗经》的《采绿》篇描写了一位“终朝采绿”的女子，由于思念外出的丈夫，整整一个早上都没有将一种叫“绿”的野草摘满一捧。诗中“予发曲局，薄言归沐”讲女子想着丈夫若是归来，就急于“归沐”。现代汉语中“沐”字不能单用，常与“浴”字组合成“沐浴”一词，义为洗澡，那么《采绿》中的“归沐”是“回家洗澡”的意思吗？

文言文中，“沐”和“浴”是一对同义词，但二者也有所区别。《说文解字》释“沐”为“濯发也”，“沐”的对象是头发；释“浴”为“洒身也”，“浴”的对象是身体。王充《论衡 · 讥日》：“且沐者，去首垢；洗，去足垢；盥，去手垢；浴，去身垢。”可见，古人清洗的部位不同，所用动词也不一样。所以，“归沐”并非回家洗澡，而是回家洗发的意思，这也正对应了前一句“予发曲局”，其中“曲”和“局”都是弯曲、卷曲之义。女子想念夫君，每天茶不思饭不想，无心打理秀发，头发都卷曲在一起。她想到丈夫若是归来，就要赶紧回家，清洗已经弯曲打卷的头发，光彩照人地迎接归家的夫君。

“予发曲局”之“曲”为何有“弯曲”义？“曲”字西周金文作，战国文字作，小篆作，从字形看，均像一个弯曲的器物。无独有偶，纳西族东巴文的“曲”字作，是用弯弯曲曲的木桩形表示“弯曲”之义。不同民族所造字形虽然不一样，却有异曲同工之妙。

成语“曲径通幽”出自唐代诗人常建“曲径通幽处，禅房花木深”之句。诗文明写跋涉于弯弯曲曲的小路才能走入坐落于幽深僻静之处的禅房，亦道出了生活甚至美学上的一种哲理。反映在我国的传统园林艺术中，园内的建筑、山水、花木等，古人无不追求一种“曲径通幽”的意境与内涵。以园林中之水为例，陈从周先生在《园林清议》一书中道：“水不在深，妙于曲折”，水面变化多端、迂回曲折，其深远之义才更加令人回味无穷。

“曲”由“弯曲”引申出抽象的“不直，邪曲不正”之义。《楚辞·离骚》中“背绳墨以追曲兮”之句，正是诗人屈原对媚俗的世人喜欢背弃绳墨规矩，追求邪曲不正的感叹。

既然“邪曲”是不正确的行为，“曲”就有了“理亏、过错”之义。《史记·廉颇蔺相如列传》载有“完璧归赵”的故事：秦昭襄王派人到赵国都城邯郸面见赵王，说秦王愿以十五座城池换取赵国的和氏璧。赵惠文王既怕上秦国的当失去和氏璧，又怕不答应而得罪秦国。大臣蔺相如对赵王说：“秦以城求璧，而赵不许，曲在赵。赵予璧而秦不予赵城，曲在秦。”句中之“曲”即是“理亏、过错”之义。蔺相如说：“秦国愿意用城池交换和氏璧，如果赵国不允许，理亏的一方就是赵国；赵国如果答应把和氏璧交给秦国，而秦国不把城池交付赵国，那过错就在秦国。”凭借自己的聪明才智，蔺相如最终“完璧归赵”，将和氏璧送回了赵国。

“曲”是个多音字，除“弯曲”之“曲”读为qū外，还有“乐曲”之“曲”读作qǔ。“曲”的本义是“弯曲”，不管是歌曲、乐曲还是戏曲，都有曲折婉转的音调，可以看作一种抽象的声音的“弯曲”。段玉裁《说文解字注》释“曲”为“乐章为曲，谓音宛曲而成章也”，这正是歌曲、乐曲、戏曲之“曲”得名的缘由。

戏曲艺术是中华民族传统文化的瑰宝，有着灿烂辉煌的历史。从秦汉时的乐舞、俳优和百戏，经过参军戏、杂剧、传奇的发展，一直到以昆腔、京剧为代表的各个地方剧种的广泛产生，创造了丰富的戏曲文学和完整的舞台艺术体系。中国戏曲与古希腊悲剧和喜剧、印度梵剧并称为“世界三大古老的戏剧文化”。中华民族独特的审美观念、思维方式、文化传统，造就了中国戏曲独特的艺术风貌。

中国戏曲是将文学、音乐、舞蹈、美术、杂技以及人物表演等多种元素融为一体的综合艺术表现形式。王国维在《戏曲考源》中言：“戏曲者，谓以歌舞演故事也。”演员的歌、舞、表演是中国戏曲的核心要素。昆曲《游园惊梦》一折，杜丽娘与丫鬟来到园中，面对大好春光，先是念白道：“不到园林，怎知春色如许！”紧接着杜丽娘边舞边唱：“原来姹紫嫣红开遍，似这般都付与断井颓垣。良辰美景奈何天，赏心乐事谁家院！朝飞暮卷，云霞翠轩；雨丝风片，烟波画船，锦屏人忒看的这韶光贱！”杜丽娘观赏花园美景后，慨叹自己辜负了美好春光。此时此刻，她的心情仅靠言语已不足以表达，必须借助唱和舞才能尽兴地宣泄了，这正照应了“情动于中而形于言，言之不足，故嗟叹之，嗟叹之不足，故咏歌之，咏歌之不足，不知手之舞之，足之蹈之”的古话。演员们将歌、舞、表演贯穿于唱、念、做、打各个具体表演手段之中，为观众塑造了一个又一个绚丽多姿的舞台形象。

《牡丹亭·游园》
引自俞为民《昆曲》，凤凰出版传媒股份有限公司江苏人民出版社，2014年。

程式化是戏曲舞台上最重要的美学特征之一。戏曲演员通过长期的舞台实践，把社会生活中纷繁复杂的动作按照一定的规范高度提炼、概括，将之美化成有一定规律可以遵循的艺术表现形式。舞台上，从开门、关门、骑马、上轿等各个动作，到喜怒哀乐等各种表情，都有一套固定、完整的规范与标准。例如“起霸”是武将上阵前要做的一套整盔束甲的舞蹈动作，用以表现武将的威武气概，渲染舞台上的战斗气氛。不管是哪个演员表演“起霸”，都得掌握同样的技巧，遵循同样的规格。但程式化的动作也不是千篇一律、僵化不变的。例如京剧舞台上演员表演摔跟头时，不同的原因摔出来的跟头各不相同，因此需要有各种不同摔法的程式化动作。《碰碑》里的杨继业碰碑死去时，要摔“僵尸倒”——腰腿挺直，整个身体像僵尸一样硬摔下去；《战宛城》中的武将典韦被打下马来，为了凸显这位猛将摔得很重，要用“肘棒子”——落地时整个脊背实实着地。

虚拟性是戏曲舞台上的另一个美学特征。所谓“虚拟”，就是在模拟的基础上对生活中的动作与场景，加以提炼、夸张及美化。动作的虚拟，如骑马、划船，舞台上并没有马和船，演员拿一根马鞭或者船桨，通过舞蹈化的动作，就能表现出演员在骑马奔驰或是水上行舟。还有环境的虚拟，如越剧《十八相送》中的凤凰山、池塘、河流、独木桥、水井等景物，均是依靠演员的唱腔与表演，在观众眼前呈现出场景的变换。时间的虚拟也是如此，不管时间跨度有多大，说唱之间就完成了时间的转换。例如《红鬃烈马》中，薛平贵在武家坡前遇到妻子王宝钏，夫妻分别十几年，容貌已不复当年，薛平贵不敢贸然相认，假称是薛平贵之友，借问路以试探王宝钏。王宝钏用“想我那薛郎，离家一十八载，今日才得书信回来，本当向前接取，怎奈衣衫褴褛……”几句话，就道出了自己独居寒窑十八载，备尝艰辛却对薛平贵不改初衷的坚贞之情。

中国戏曲源远流长，在艺术上具有极高的欣赏价值。作为一个戏曲大国，我国现代各民族、各地区的戏曲剧种已达到三百六十多种，传统剧目更是数以万计。从分布上看，国粹京剧是目前唯一在全国范围具有影响力的大剧种。除京剧外，北方的评剧、二人转、豫剧、晋剧、秦腔等以及南方的昆曲、越剧、川剧、粤剧等，都是深受群众欢迎的地方戏。

豫剧《朝阳沟》剧照

引自谭静波《豫剧》，中国文联出版社，2008年。

川剧《易胆大》剧照

引自杜建华《川剧》，四川出版集团四川人民出版社，2007年。

北方剧种与南方剧种在声腔上差别较大。林语堂在《吾国与吾民》一书中谈道："粗犷豪放的北方，温柔和婉的南方，这些区别在他们各自的语言、音乐和诗歌中都能看到。我们来对比一下陕西乐曲与苏州乐曲的差异。陕西乐曲用一种木板控制速度，声调铿锵，音节高昂而响亮，犹如瑞士山歌，使人联想到呼号的风声，似在高山上，似在旷野里，又似风吹沙丘。另一方面，苏州乐曲的低声吟唱，介乎于叹息与鼾声之间，喉音和鼻音很重，很容易使人联想到一个精疲力竭的气喘病人，那习惯性的叹息和呻吟已经变成了有节奏的颤抖。"北方剧种倾向于高亢、有力，南方剧种则以柔和、婉转见长。这与南北方所处地理位置、气候以及方言的差异，都有一定的关系。

【“梨”园行】

“融四岁，能让梨”出自《三字经》，讲的是一代名儒孔融小的时候，把大梨让给父母和其他兄弟，却把最小的梨留给自己吃，这则大家熟悉的小故事教育人们从小要懂得谦让的礼仪。“孔融让梨”之“梨”是形声字，从木，利声，在《说文》中释为果木名。

邢昺《尔雅疏》：“在山之名则曰樆，人植之曰梨。”“樆”与“梨”二字的区别在于野生与人工培育的不同。除了“樆”外，野生梨树还有“树檖”“甘棠”等不同的名称。例如《诗经·召南·甘棠》：“蔽芾甘棠，勿剪勿败，召伯所憩。”

古代劳动人民很早就开始了对野生梨驯化、培育的过程。《山海经·中山经》：“洞庭之山，其上多黄金，其下多银铁，其木多柤梨橘櫾……”这说明，在当时的洞庭湖一带，梨树栽培已较为常见。

汉武帝时，皇家园林开始广泛栽种梨树。据《西京杂记·上林名果异木》记载："初修上林苑，群臣远方，各献名果异树，亦有制为美名，以标奇丽者。梨十：紫梨、青梨（实大）、芳梨（实小）、大谷梨、细叶梨、缥叶梨、金叶梨（出琅琊王野家，太守王唐所献）、瀚海梨（出瀚海北，耐寒不枯）、东王梨（出海中）、紫条梨。"

到了隋唐，梨树成为宫廷园林栽种的重要品种。当时皇家禁苑中的一个果木园圃叫"梨园"，与之并存的还有枣园、桃园、樱桃园等。这些园林中设有亭台、球场等游乐设施，是供帝后妃子、皇亲国戚、大臣学士饮宴游乐的场所。至于"梨园"的具体位置，李尤白先生考证大量历史文献后认为，唐代梨园的遗址应在今西安城西北六华里许的未央区未央宫乡大白杨村村西。除了李尤白先生的观点外，关于梨园的位置还有一些其他看法，例如清人汪汲《事物原会》载："今西安府临潼县骊山绣岭下，即梨园地也。"也有学者认为，"梨园"位于长安县西南香积寺附近，今黄良乡立园村。

"梨园"一词后来成为戏曲组织和艺人的代名词，戏曲行叫"梨园行"，戏曲演员是"梨园弟子"，几代人从事"梨园行"的家族可称"梨园世家"。"梨园"从园圃名称到戏曲界代名词的转变是如何发生的呢？这就要从"梨园鼻祖"唐玄宗李隆基说起了。唐玄宗自小喜爱歌舞戏剧，据郑万钧《代国长公主碑》记载，武则天天授元年（690）改唐为周，许多王室子孙都在登基典礼后盛大的宴会之上登场献艺，年仅六岁的楚王李隆基男扮女装，舞了一曲《长命女》，只有四岁的代国公主也同寿昌公主一起，对舞一出《西凉》。《代国长公主碑》从一个侧面反映出唐代皇室宫廷中歌舞戏剧的繁盛，玄宗对戏曲艺术的热爱当与李唐皇室好戏之风不无关系。

"梨园"在这位喜爱音乐歌舞、多才多艺的风流天子唐玄宗的大力扶植下，由单纯的果木园圃变成艺人演习歌舞戏曲的专门场所。《唐会要》卷三十四载："开元二年，上以天下无事，听政之暇，于梨园自教《法曲》，必尽其妙，谓之'皇帝梨园弟子'。"开元二年（714），唐玄宗亲自担任梨园的崔公（即总领导），后人遂将唐玄宗称为"梨园鼻祖"。

开元二年到天宝十四年（755），是梨园的繁荣鼎盛时期。唐玄宗不仅自己参与到节目的创作加工中，还时常诏令文臣学士编撰节目。"云想衣裳花想容，春风拂槛露华浓"的著名诗句，就是大诗人李白承诏带醉之作。《乐府诗集》卷八十载："开元中，禁中重木芍药。会花方繁开，帝乘照夜白，太真妃以步辇从，李龟年以歌擅一时之名。帝曰：'赏名花，对妃子，焉用旧乐辞为！'遂命李白作《清平调》辞三章，令梨园弟子略抚丝竹以促歌，帝自调玉笛以倚曲。"

梨园子弟技艺超群，从流传下来的诗歌中，还能依稀看到梨园子弟当年的风采。先看大诗人杜甫《观公孙大娘弟子舞剑器行》的序言：

大历二年十月十九日，夔府别驾元持宅，见临颍李十二娘舞剑器，壮其蔚跂，问其所师，曰："余公孙大娘弟子也。"开元五载，余尚童稚，记于郾城观公孙氏舞剑器浑脱，浏漓顿挫，独出冠时，自高头宜春、梨园二伎坊内人，洎外供奉，晓是舞者，圣文神武皇帝初，公孙一人而已。玉貌锦衣，况余白首；今兹弟子，亦匪盛颜。既辨其由来，知波澜莫二。抚事慷慨，聊为《剑器行》。往者吴人张旭，善草书、书帖，数尝于郫县见公孙大娘舞西河剑器，自此草书长进，豪荡感激，即公孙可知矣。

公孙大娘，开元年间杰出的舞蹈家，以擅舞剑器闻名于世。杜甫于大历二年（767）在夔州观看公孙大娘弟子李十二娘"舞剑器"后，忆及自己幼年时曾在郾城观看公孙大娘"舞剑器浑脱"，称赞其舞技"独出冠时"。艺术是相通的，"草圣"张旭将公孙大娘剑光闪耀、变幻莫测的矫健舞姿与书法联系在一起后顿悟，其草书也大为长进。那么，公孙大娘的舞姿到底是如何精彩呢？来看杜诗的描述：

昔有佳人公孙氏，一舞剑器动四方。

观者如山色沮丧，天地为之久低昂。

㸌如羿射九日落，矫如群帝骖龙翔。

来如雷霆收震怒，罢如江海凝清光。

公孙大娘玉貌锦衣、英姿勃发。只见她舞动起来，剑光闪闪如崩雷闪电，整个天地都随着她的舞姿起伏；一曲舞罢，戛然而止，现场宛如平静无波的大海之水。观众深深折服于公孙大娘精湛的舞艺，以至于全场鸦雀无声！

以公孙大娘为代表的梨园子弟在开元盛世度过了他们一生中最为璀璨的年华。随着天宝十四年安禄山发动的叛乱，众多梨园子弟进入了他们命运的转折期。虽然历时近8年的叛乱最终得以平定，但连年战争使无数生灵涂炭，梨园子弟在这场大变迁中也是命运多舛。

叛军攻破长安城后，安禄山大肆劫掠文武朝臣及宫嫔乐工等人，对梨园弟子的搜捕更是不遗余力。安禄山在洛阳城的凝碧池设宴，被俘的梨园子弟及乐工被押至洛阳为其庆功。宴会上梨园子弟欷歔泣下、曲不成调。以擅弹琵琶著称的雷海青因才华横溢，向来为玄宗器重，此时的他面对叛军破口大骂，历数其种种罪行，骂到悲愤之处，更是将琵琶奋力掷于地上，面向西方失声痛哭。气急败坏的安禄山将雷海青在试马殿前肢解示众。大诗人王维当时被叛军拘捕于菩提寺中，听闻此事后，为雷海青赋诗一首："万户伤心生野烟，百官何日再朝天。秋槐叶落空宫里，凝碧池头奏管弦。"安史之乱平定后，雷海青被唐玄宗封为"天下梨园大总管"。雷海青为福建泉州人士，今天仅泉州市区，供奉他的庙宇就有几十座，至今福建、台湾一带都尊其为

雷海青像
引自马书田《中国俗神》，团结出版社，2007年。

“戏神”。

除了被叛军所俘外，还有大量梨园子弟流落民间。杜甫笔下“岐王宅里寻常见，崔九堂前几度闻”的李龟年，本是开元、天宝年间的著名音乐家。战乱爆发后，李龟年颠沛流离，辗转漂泊到江南一带，每逢良辰胜景就为人歌上数阕，座中之人无不掩泣罢酒。约于大历五年（770），李龟年与诗人杜甫在“落花时节”重逢于风景秀丽的江南，此时开元全盛之时的繁华早已成为过眼云烟，剩下的唯有对国事凋零、人事颠沛的无限感慨。

极少数梨园子弟随玄宗入蜀。宋代词人柳永的“多情自古伤离别，更那堪，冷落清秋节”一句是描写离愁别恨的千古名句，再加上词牌《雨霖铃》曲调的哀伤幽咽，更加渲染出依依不舍的伤感之情。《雨霖铃》的创制者，就是随明皇入蜀的梨园子弟张野狐。《明皇杂录补遗》云:“明皇既幸蜀,西南行,初入斜谷,属霖雨涉旬,于栈道雨中闻铃,音与山相应。上既悼念贵妃,采其声为《雨霖铃》曲,以寄恨焉。时梨园子弟善觱篥者,张野狐为第一。此人从至蜀,上因以其曲授野狐。洎至德中,车驾复幸华清宫,从官嫔御多非旧人,上于望京楼中命野狐奏《雨霖铃》曲,未半,上四顾凄凉,不觉流涕,左右感动,与之唏嘘。”

安史之乱平叛后,梨园得以重建,但规模已大不如前。从开元二年“梨园”建立,到大历十四年(779)唐德宗正式取消“梨园”的设置,梨园子弟见证了唐王朝的盛衰荣辱,其本身的兴衰也成为大唐王朝的一个缩影。最后,让我们以唐代诗人白居易的一首《梨园弟子》结束本篇:

白头垂泪话梨园,五十年前雨露恩。
莫问华清今日事,满山红叶锁宫门。

【戏“班”春秋】

唐代大诗人李白在《送友人》中写下千古名句:“浮云游子意,落日故人情。挥手自兹去,萧萧班马鸣。”送君千里,终须一别。作者在诗作中没有直叙与故人的难舍难分,却用离群马儿的萧萧长鸣,写尽了友人间依依不舍的离情别意。

大家对“萧萧班马鸣”一句耳熟能详,却不一定能解释清楚“萧萧”和“班马”的含义。“萧萧”是拟声词,常被古人用来形容马叫声、风雨声、流水声、草木摇落声、乐器声等。至于此“班马”,并非彼“斑马”,是指离群之马。诗作中主客二人即将分道扬镳,两匹马萧萧长鸣,仿佛有离群之感。马犹如此,人何以堪?“班马”既是离群之马,那么“班”字又是何义?

《说文解字》释“班”为“分瑞玉也”。瑞玉是古代诸侯国或藩国朝聘时所执的玉制信物,从中间一分为二,双方各执其一。小篆“班”字作班,一柄

“刀”位于字中间，“刀”两旁的是“王”字吗？“分瑞玉”的“玉”又在哪里？

小篆“玉”字作，“王”字作，两字极为相似，区别点在于三横之间是否等距：字三横中间距离相等；字上面两横距离小，下面两横距离大。“玉”“王”二字的甲骨文字形区别更为明显：甲骨文“玉”字作、，象玉片相连之形，上下露出的是串连玉片的绳子，到了金文才演变为，串玉的绳子不再外露；“王”字甲骨文作、，金文作，是刃部朝下、无柄的斧钺形象，用作权力的象征，到小篆阶段变形为。“玉”“王”字形的细微差距，缘于两字字源的不同。小篆字左右的正是“玉”字，一块美玉用刀从中间分开，与“分瑞玉”的本义相符。

“班”字“分瑞玉”的义项在现代汉语中已找不到例证，但“班马”之“班”的“分开”义明显是从“分瑞玉”的本义引申而来，“班”的其他常用义项也多与“分开”义相关。例如《礼记》:“请班诸兄弟之贫者。”意思是：请把办丧事剩余的财物分给贫穷的本家兄弟。句中“班”的“分给、赏赐”义即由“分开”义引申而来。

“班”字可作姓氏使用，班姓名人历史上为数不少。古代文学史上经常提到“班马文章”，“班马”也称“马班”，是汉代史学家司马迁和班固的并称，“班马文章”形容可以与班固、司马迁的文章相媲美。成语“班香宋艳”中的“班”也指班固，“宋”指宋玉，原是称赞班固、宋玉的诗文，后用来赞誉诗文的华美艳丽。西晋司空张华《女史箴》一文借歌颂历代贤妇圣女的道德规范，用以讽谏当时荒淫无道、性妒多诈而又滥行权术的皇后贾南风。东晋大画家顾恺之根据《女史箴》一文创作出12幅画面，将箴文题写于画侧，从而把抽象的女德训诫用画笔生动地表现出来。可惜《女史箴图》原作已佚失，流传至今的是宋人的摹本，可是就连这件摹本也于1900年八国联军入侵北京时被人劫掠，目前藏于伦敦大英博物馆。《女史箴图》中《班妾辞辇图》的女主人公是汉成帝的嫔妃，历史上著名的才女、辞赋家班婕妤。有一次，在后园游玩的汉成帝邀班婕妤与他同辇而行，班婕妤正色道："我看到古画上的贤君，都有名臣陪在身边，只有夏桀、商纣、周幽王三代末主，才有宠幸的妃子同辇。如今要我与皇帝您同辇，那您不就同末代帝王很相似了吗？"汉成帝认为班姬言之有理，就不再坚持与她同辇。贤淑知礼的班婕妤在赵飞燕姐妹进宫后，没能逃脱遭受冷落的命运。班婕妤作有《团扇诗》一首："新裂齐纨素，鲜洁如霜雪。裁为合欢扇，团团似明月。出入君怀袖，动摇微风发。常恐秋节至，凉飙夺炎热。弃捐箧笥中，恩情中道绝。"诗文以"团扇"自喻，以秋扇见弃喻妃嫔受帝王玩弄终遭遗弃的不幸命运，后世遂以"班女扇"比喻失宠者或被废弃之物。

"班"在古代汉语中常通"斑"字。"斑"字中间的"文"在甲骨文中作、，以人体上的纹身表示"花纹"之义。"斑"字从"文"得义，表示"斑点、杂色花纹"。元代郭居敬辑录古代二十四个孝子的故事，编成《二十四孝》一书。书中讲到春秋时，楚国隐士老莱子在蒙山下种田以躲避战乱。平日里，老莱子非常孝顺父母，总是挑选些松脆、味美的食物供奉双亲。老莱子到七十岁时都不言老，常常穿着彩衣，扮作婴儿戏舞于双亲面前，以博取父母开

《女史箴图》局部

引自郑艳《绮罗遗韵：名画中的女性》，文化艺术出版社，2010年。

怀。有一次，老莱子为双亲送水，进屋时假装跌倒在地，索性躺在地上学小孩儿啼哭，逗得二老开怀大笑。这就是“班衣戏彩”的典故，“班衣”即“斑衣”，成语比喻以滑稽逗趣的动作娱乐、孝侍双亲。今天，就在老莱子隐居耕种之地——湖北省荆门市象山风景区象山东麓，还有一眼得名于老莱子孝行的泉水“顺泉”。

“班”字在现代汉语中的常用义项是“为了工作或学习目的而编成的组织”。例如学校、部队有进修班、体育班、文艺班、突击班等。“班”也可以表示依照行业组合的人群。早在宋代，剧团即以“班”字命名。京剧戏班最早出现于清代乾隆年间，例如三庆班、四喜班等。

1790年，正值乾隆皇帝八十大寿，各省官员都在为其寿辰作准备。浙江盐务大臣选送以名旦高朗亭为首，久享盛名的徽班“三庆班”入京祝寿。“三庆班”一鸣惊人，在京城声名大振。随后，许多徽班接踵而来，最著名的有四

《乾隆万寿图》局部
引自解玺璋、张景山《京剧常识》，文汇出版社，2008年。

喜班、和春班以及春台班，他们与三庆班合称为“四大徽班”。四大徽班各有拿手绝活，有“三庆的轴子，四喜的曲子，春台的孩子，和春的把子”之说。意思是，三庆班擅演有头有尾的整本大戏，四喜班擅演昆腔剧目，春台班的演员以青少年为主，生气勃勃，和春班的武戏最受欢迎。继四大徽班进京后，一批汉戏演员也陆续进入北京，由于徽班声势浩大，汉戏演员往往投身徽班。徽、汉两个剧种长期同台演出，彼此融会吸收，逐渐合流，使演出的剧目、声腔等都有所变化，为京剧的最终形成打下了基础。

“班”还可以指妓院，旧时上等妓院被称为“清吟小班”。民国初年，为了跟妓院有所区别，戏班改称为“社”，例如名角挑班的有梅兰芳的“承华社”，程砚秋的“秋声社”，马连良的“扶风社”等。所谓名角挑班，是说这一名角儿在观众中有较强的号召力，演出时以名角儿为主角，聘请其他演员为其配戏。一般来说，挑班名角儿即是班主，戏班经营盈亏由班主自己负责。

京剧戏班规模大小不一，有上百人的大戏班，也有十几个人的草台班子。戏班内部组织系统通常有“七行七科”之说，凡登场演戏的都称“行”，不登台表演的后台服务人员都称“科”。七行有老生行、小生行、旦行、净行、丑行、武行、流行。其中的流行又称文堂行，扮演的多是兵丁、衙役、宫女、丫鬟、车夫、船夫以及龙套等群众性角色。七科有经励科、剧装科、容装科、盔箱科、交通科、音乐科、剧通科。经励科负责组班时邀请演员，联系剧场等事务，其成员多为班主的亲信，在戏班内具有一定的权力。剧装科负责管理衣箱、协助演员穿卸服装。容装科的成员俗称梳头桌师傅，负责为旦角梳头、贴片子及化妆。盔箱科成员俗称盔箱倌，负责帮助演员勒头、戴卸盔帽，管理盔头箱。交通科成员俗称催戏人，负责在演出前告知演员戏码，演出中请人、催场及其他联络工作。音乐科成员俗称场面，负责在演出中为演员伴奏。伴奏的乐器分为打击乐和管弦乐两组，以鼓师和琴师的地位最为重要。剧通科成员俗称检场，负责搬置桌椅、拿递道具以及协助演员赶场时穿卸服装等。

戏班除了前台演员、后台服务人员之外，还有一些上层管理人员，例如承班人、领班人、总管事等，他们在戏班中起着举足轻重的作用。承班人是实际的财东，握有戏班大事的决定权。领班人类似今天演出集团的总经理，可由承班人兼任，也可请人担任，在此位置的多是些与官府熟悉之人，以方便应对与官府间的往来。总管事也叫文武总管、戏提调，其职责是总管安排戏码，监督指挥演出中的全盘业务，俗称“大拿”。“大拿”后来就特指精通于某一领域的人，类似于“专家”，只是略带有戏谑的味道。

【“优”孟衣冠】

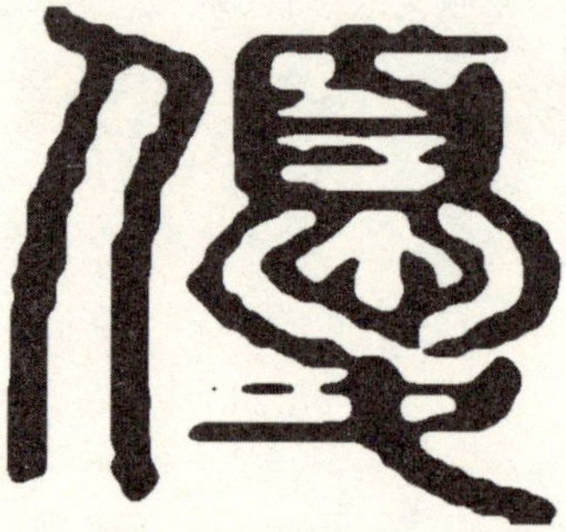

孔子的学生子夏有言：“仕而优则学，学而优则仕。”这句话被历代文人士大夫奉为金科玉律，深远地影响了中国读书人两千多年。很多读者对这句话的理解是：做官做得优秀就去学习，学习很优秀就去做官。其实，对这两句话的含义，自古有许多纷争，分歧点在一“优”字。

南宋理学大家朱熹的《四书集注》将“仕而优则学，学而优则仕”中的两个“优”都释为“有余力也”，两句的意思是：做官胜任有余力了就可以学习，学习的人有余力就可以做官。清代学者刘宝楠的《论语正义》持另外一种观点：“古者大夫士，年七十致事，则设教于其乡，大夫为大师，士为少师，是仕而优则学也；学至大成乃仕，是学而优则仕也。”可见，刘宝楠将“仕而优则学”中的“优”字释为“余力”，“学而优则仕”中的“优”释为“优秀”。这两句话的含义就变成：做官的退休以后有余力就可以在乡里办学，学习优秀的人可以做官。

两种意见相比较，朱熹的更为合理，原因在于，先秦文献中的“优”还没有“优秀、优良、优异”的含义，而“有余力”的义项却有不少例证。《论语·宪问》：“孟公绰为赵魏老则优，不可以为滕薛大夫。”意思是：孟公绰做赵、魏的家臣，才力是有余的，但是不可以做滕、薛这类小国家的大夫。另外，从当时入仕为官的途径看，并非只要学习优秀就可以委以官职。据《周礼》记载，当时选拔人才的制度是“三年则大比，考其德行、道艺，而兴贤能者”。可见，“德行、道艺”才是考察的内容。大家熟悉的通过科举考试进入官场的这种人才选拔制度，要到隋朝大业元年（605）才开始实行。

“优”为何有“有余力”之义？《说文解字》释“优”为“饶也”，即丰饶、充足。《荀子·王制》：“污池渊沼川泽，谨其时禁，故鱼鳖优多而百姓有余用也。”句中的“优”指水产丰饶。《诗经·大雅·瞻印》：“天之降罔，维其优矣。”这是说老天降下的刑罚很多。《国语·鲁语上》：“今将惠以小赐，祀以独恭。小赐不咸，独恭不优。不咸，民不归也；不优，神弗福也。”此处“优”指祭祀品丰足。可见“优”强调事物数量方面充足，如果将之用于做事之上，“优”就由数量充足发展出对所做的事情胜任有余之义。

《说文解字》释“优”的另一义项为“倡也”，指古代的乐舞或杂戏演员。王国维在《宋元戏曲考》中指出：“后世戏剧，当自巫、优二者出……巫以乐神，而优以乐人；巫以歌舞为主，而优以调谑为主；巫以女为之，而优以男为之。”“巫”是巫祝，指侍奉神祇，并且能凭借歌舞使神祇降临的女人。古代的巫祝常以玉作为通灵之物，甲骨文“巫”字作、，正是两玉交错之形。“巫”与“优”之别在于二者性别及分工的不同：巫为女性，以歌舞娱神为主；优为男性，以调笑娱人为主。巫、优被看作是中国戏曲最早的表演者。

春秋时期楚庄王执政时，出现了一个善于模仿别人音容笑貌的人——优

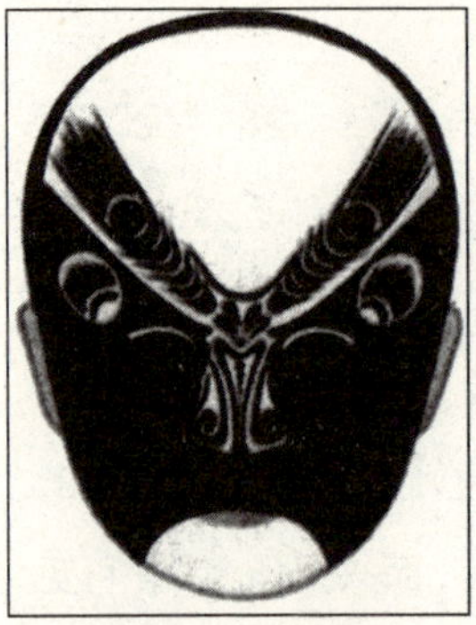

楚庄王脸谱戏曲故事《优孟衣冠》插图

引自张兵、李桂奎《古代梨园》，东方出版中心，2008年。

孟。《史记》中“优孟衣冠”的故事，详细记载了优孟的一次成功演出。楚相孙叔敖认为优孟是位贤能之人，对其很是友善。孙叔敖病重，临终前嘱咐儿子，将来如若贫困，可求助于优孟。其后，孙叔敖之子果然穷困潦倒，只能负薪出售以维持生计。优孟得知这一情况后，身着孙叔敖的衣冠，于楚庄王的宫廷宴会之上，模仿孙叔敖的神态动作以及说话语气。楚庄王大吃一惊，以为孙叔敖复生，于是令他继续担任宰相一职。优孟请求回家和妻子商议后再决定是否回朝担任宰相。三日之后，优孟对楚庄王言道：“妇言慎无为，楚相不足为也。如孙叔敖之为楚相，尽忠为廉以治楚，楚王得以霸。今死，其子无立锥之地，贫困负薪以自饮食。必如孙叔敖，不如自杀。”意思是：我妻子说了，千万不要担任宰相这个职位，楚国的宰相不值得做。像孙叔敖生前任楚相，竭尽忠诚廉洁治理国家，楚国才得以称霸诸侯。可是，孙叔敖去世后，他的儿子竟然无立锥之地，穷困得要靠背柴卖薪生活。一定要像孙叔敖那样，不如自杀算了。楚庄王明白了优孟讽谏国君的良苦用心，最终以田宅赏赐孙叔敖之子，解决了他的贫困问题。

优孟惟妙惟肖地扮演孙叔敖，使楚庄王意识到自己的过失，太史公司马迁评价优孟“多辩，常以谈笑讽谏”。类似优孟的不少优人擅长利用自己的巧言善辩，以诙谐、戏谑的表演讽谏诸侯、帝王，往往起到意想不到的效果。相传秦始皇想要扩大自己的皇宫苑囿，使其东到函谷关，西到达雍、陈仓一带。这时候，擅长说笑话的优旃一本正经地对始皇帝讲了一段话：“善！多纵禽兽于其中，寇从东方来，令麋鹿触之足矣。”意思是：这可是个好主意啊！在苑囿中多放养些飞禽走兽，如果敌人从东方来的话，让麋鹿们用角去抵触敌人就足够啦！秦始皇听了此话，打消了扩大苑囿的念头。类似这样的优人谏语还有很多，元代杨维桢用“一言之微，有回天倒日之力”评价“优谏”，甚为贴切。大学问家王国维的《优语录》是本专门辑录史书、小说中记载的优人谏语与其遭际的书籍，从中可以欣赏到不少优人进谏的语言艺术，也为古代戏剧史的研究提供了不少珍贵资料。

成语“优孟衣冠”，除了表示登场演戏外，还可以指艺术上的单纯模仿，强调其只是外表、形式上相似而已。例如明郑仲夔《耳新·立言》：“文之摹古者，世辄嘲之，谓是优孟衣冠。夫优孟衣冠，徒刻画于形似，终逊真神耳。”另外，“优孟衣冠”也有仿古而酷似原物的含义。清钱泳《履园丛话·收藏》：“看书画亦有三等，至真至妙者为上等，妙而不真者为中等，真而不妙为下等。上等为随珠和璧，中等为优孟衣冠，下等是千里马骨矣。”

“优”是靠聪明机智、戏谑调笑而立足的宫廷艺人，古代还有个类似“优”的职业称“伶”。与“优”从事表演不同的是，“伶”专管音乐，是古代的乐师，这一职业得名于黄帝时的乐官伶伦。《左传·成公九年》记载晋景公见到战俘钟仪，询问他的职业，钟仪回答“伶人也”。景公又问他是否可以演奏音乐，钟仪答道：“先人之职官也，敢有二事。”意思是：这是我先人所掌管的职务，我怎敢从事别的事业？可见，伶作为乐官是世代相传的。“优”与“伶”合在一起组成“优伶”一词，成为古代对从事歌舞、说唱、戏曲等表演的艺人的统称。

最后再来谈一下优孟的名字。优孟之“优”并非姓氏，而是表明了这位叫“孟”之人的职业。先秦时的平民只有名，姓氏是贵族、官员才有的专利，例如孔夫子在周游列国的路途上遇到的长沮、桀溺等人，都是无姓无氏的普通老百姓。先秦时老百姓的称呼往往采用职业加姓名的方法，例如师旷是位名叫“旷”的乐师，弈秋是位名“秋”的棋手，庖丁是个叫“丁”的厨子，优孟就是一位名叫“孟”的演员了。

【梨园“世”家】

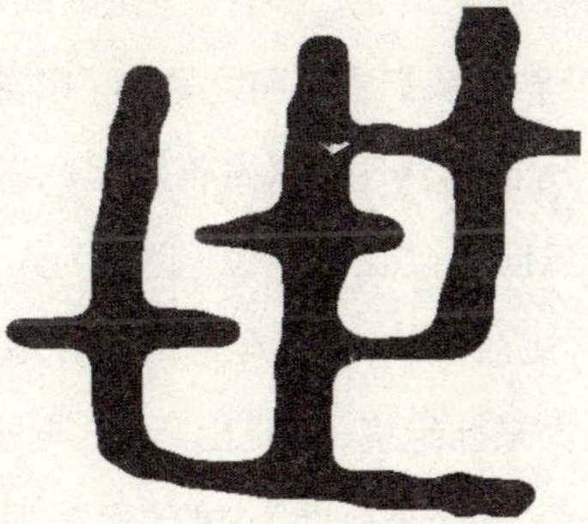

有几个记录数字的汉字很特别。先看“卅”，此字读sà，《说文解字》释“卅”为“三十并也”。“卅”字小篆作，正是由三个“十”字合并而成，所以可以看作是“三十”的省略形式。例如我们从时间的角度命名，将1925年5月30日发生在上海的一场群众性的反帝爱国运动称为“五卅运动”。除了“卅”字，“廿、卌”两个数字也是类似的用法。“廿”字读niàn，是数字“二十”的合体；“卌”字读xì，是数字“四十”的合体。除此之外，还有个“皕”字，读为bì，是两个“百”合写在一起，即二百。清代大藏书家陆心源的藏书楼叫“皕宋楼”，命名缘由就是陆氏所藏之书中极为珍贵的宋版书有二百余种。

“梨园世家”的“世”字由数字“卅”字发展而来。《说文解字》：“世，三十年为一世。从卅而曳长之。”清代学者徐灏认为“世者，父子相继之称”，所以“世”的字形由“卅”字延长末笔而成，取其父子相延续之意。

"世"字构成的"世界"一词来源于佛教。《楞严经》卷四曰:"何名为众生世界?世为迁流,界为方位。汝今当知,东、西、南、北、东南、西南、东北、西北、上、下为界,过去、未来、现在为世。""世"指时间,所谓"迁流"指时间迁移流动,时间从过去延续到现在,又延续到未来。佛教中关于时间的存在分为过去世、现在世和未来世。"界"指空间,是佛教中对方位的界定。《淮南子》曰:"四方上下曰宇,古往今来曰宙。""宇"指无限的空间,"宙"指无限的时间。可见,佛法中的"世界",我们古人将之称为"宇宙"。

成语"世外桃源"出自陶渊明的《桃花源记》,文章构筑了一个与世无争、未受战乱破坏的理想世界。"世外桃源"遂成为人间生活理想境界的代名词,也指不受外界影响,生活安乐、环境幽静的美好地方。文中有云:"自云先世避秦时乱,率妻子邑人来此绝境,不复出焉,遂与外人间隔。问今是何世,乃不知有汉,无论魏晋。""问今是何世"中的"世",通常解释为"朝代",按照这种释义,原文应理解为:桃花源中的人问渔人现在外面是什么朝代,他们连汉朝都不知道,更别说魏晋了。其实,这里的"世"不能译作"朝代",因为在唐代之前,"世"还没有"朝代"的义项。

另外,从逻辑的角度看,秦始皇初定天下,创立皇帝制度并宣布:"朕为'始皇帝',后世以计数,二世三世至于万世,传之无穷。"为避秦乱久居桃花源的村民,只知道有"秦",不知道其后还有"汉魏晋"其他王朝,所以前面加了一"乃"字表示惊讶与感叹。这说明在桃花源人的内心,还没有形成"朝代"的概念,"问今是何世",只能是询问:现在是秦的第几世?

把"世"错译为"朝代",主要原因是有唐一代,为了避唐太宗李世民的讳,"世"字的功能由"代"字承担。陈垣先生《史讳举例》中列举了大量"代"替换"世"的例子:"'汉太尉震八代孙','风骨不似代间人','代称纯孝','不代之业','精彩不代'……皆避世作代。""代"字本身有"朝代"义,加上“代”与“世”二字又常常连用，组成“世代”“世世代代”等词，人们就认为“世”也有“朝代”之义，将“问今是何世”中的“何世”错译作了“什么朝代”。

“世家”一词，最早见于《孟子·滕文公下》：“仲子，齐之世家也。兄戴，盖禄万钟。”赵岐注：“孟子言仲子齐之世卿大夫之家，兄名戴，为齐卿，食采于盖，禄万钟。”可见，“世家”指世卿世禄之家，后来泛指世代显贵的家族，例如“世家子弟”“名门世家”等。其后，“世家”一词引申为某种技艺世代相承的家族，比如大家熟悉的“泥人张”作为泥塑世家已经有了第六代传人。

第一代“泥人张”张明山生于道光六年(1826)，自小喜欢捏泥巴。为了捏好人物像，张明山常常观察各色各样的人物，最喜欢的就是泡在天津东北角的戏剧大观楼，边看戏边在袖口里捏舞台上的形象。18岁那年，名角儿余三胜到天津演出，观看过几次演出后，张明山就把余三胜戏中的扮相捏了出来，塑像惟妙惟肖、栩栩如生，被誉为“活余三胜”。名噪一时的“泥人张”先

张明山像

引自张明山、张玉亭等《泥人张作品选》，人民美术出版社，1954年。

张明山塑余三胜饰《黄鹤楼》中的刘备像

引自么书仪《程长庚·谭鑫培·梅兰芳》，北京大学出版社，2009年。

后还为京剧名伶谭鑫培、杨小楼、汪桂芬、程长庚等捏过像。

中国历史上很多行业的手艺，都像“泥人张”这样世代相传。戏曲界也不乏子承父业、兄弟同台的梨园世家。梅兰芳的祖父梅巧玲是著名花旦，名列“同光十三绝”；伯父梅雨田为著名琴师，长期为谭鑫培操琴，有“胡琴圣手”之称；其子梅葆玖致力于梅派艺术的传承和发扬，迄今为止培养了数十位梅派弟子。叶派创始人叶盛兰有“活周瑜”之誉，其祖父叶中定是四喜班净角台柱，父亲叶春山为京剧科班富连成创始人，其子叶少兰是第一届“梅花奖”获得者，对叶派艺术有很好的继承与发展。

京剧行里一门三代、四代都是演员的世家并不少见，但像京剧老生谭派创始人谭鑫培家族，一门七代不断传承与发扬京剧艺术的实在是绝无仅有。谭家第一代，谭鑫培之父谭志道，湖北江夏人，擅演悲剧老旦，兼演老生，因其嗓音高亮细窄，类似当地一种名为“叫天子”的鸟啼声，遂得艺名“叫天”。

太平天国运动爆发后，因武昌受战乱影响，谭志道偕妻及子鑫培北上逃难，先是在天津落脚，后辗转进入京城搭程长庚主持的三庆班，擅演《断后》《钓龟》等剧。

谭门第二代谭鑫培名金福，号英秀，艺名“小叫天”，有“伶界大王”之誉。作为“谭派鼻祖”，谭鑫培文武兼擅，表演中注重刻画人物性格。陈彦衡评价道：“演孔明有儒者气，演黄忠有老将风，《胭脂褶》之白槐居然公门老吏，《五人义》之周文元恰是市井顽民，流品迥殊而各具神似。”1905年，泰丰照相馆为其拍摄了《定军山》片段，成为中国电影史上首部黑白无声影片。谭鑫培入室弟子仅有王月芳、余叔岩等几人，但私淑弟子极多，行内有“无腔不学谭”的风气，其后余叔岩、马连良、言菊朋、杨宝森等开创的老生流派，都是从谭派演化而来。

谭鑫培像

引自张金起《百年大栅栏》，重庆出版集团重庆出版社，2008年。

谭门第三代谭小培，字嘉宾，乃谭鑫培第五子。谭小培幼入小荣椿科班学习老生，该班解散后，转入小洪奎社。谭小培生性恬淡，且有自知之明，因其嗓音高亢不足，甘于为“角”跨刀，与尚小云和程砚秋两大名旦合作多年。四十岁后，谭小培基本不再登台唱戏，一门心思用在培养儿子谭富英身上。谭富英是谭门第四代的代表人物，幼年入富连成科班，其父祖要求科班老师对待这个孩子要像对待其他学生一样，严格要求、刻苦训练，不要因其是伶界大王谭鑫培的孙子而给予特殊照顾。谭富英嗓子清亮，加之虚心好学、刻苦努力，不管文戏、武戏，演来都是得心应手，很快就大红大紫起来。有这样一则趣闻，20世纪30年代北平一家小报上刊登了一幅漫画，左边画着谭鑫培，中间是谭小培，右边画着谭富英，谭小培口中吐出两句话，一句是对谭鑫培说的：“你的儿子不如我的儿子”，另一句是对谭富英说的：“你的父亲不如我的父亲。”好事之人拿着报纸给谭小培看，岂料他哈哈大笑说：“画得好！”谭小培放弃自己的艺术事业甘为人梯，作为谭门京剧艺术承前启后的枢纽人物，其功劳是不可磨灭的。

一百多年来，七代梨园世家一脉相承，从事同一戏种、同一行当实属难得。谭门第五代谭元寿，也是少入富连成坐科，出科后又拜李少春为师，是一位文武兼擅的京剧老生。如今依然活跃在京剧舞台上的是谭家第六代、第七代的谭孝曾、谭正岩父子。相信后世谭门子弟必将谭派艺术世代相传、发扬光大！

〖花“雅”之争〗

戏曲史上有场著名的“花雅之争”。何为“花”？何为“雅”？清人李斗《扬州画舫录·新城北录下》记载:“两淮盐务例蓄花雅两部，以备大戏。雅部即昆山腔，花部为京腔、秦腔、弋阳腔、梆子腔、罗罗腔、二簧调，统谓之乱弹。”“花”即“花部”的简称，指昆曲以外的各种地方戏曲，主要是从声腔的角度认为地方戏花杂不纯。“雅”为“雅部”的简称，指昆山腔（昆曲）。称昆曲为“雅部”，即奉昆曲为雅乐正声。那么，为何要将地方戏称为“花部”，而将昆曲称为“雅部”呢？

“花”字大约出现于南北朝时期，是“华”的后起俗字。“华”字甲骨文作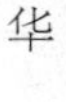，高鸿缙《中国字例》:“字原象形，甲文用为祭名。秦人或加艸为意符，遂有华（作者按：华的繁体作華，其上部为艸）字。及后华借用为光华意，秦汉人乃另造荂，荂见《方言》。六朝人又另造花字。日久而华字为借意所专，荂字

少用，“花”字遂独行。”“花”的本义是花朵，后引申有“错杂、花杂”义。“花部”之“花”正是从“错杂、花杂”这个角度，概括了除昆山腔之外的一切声腔剧种。

“雅”字指“正，合乎规范”。例如《论语·述而》：“子所雅言，《诗》《书》、执礼，皆雅言也。”孔子在日常生活里讲方言，但在吟诵《诗》《书》以及行礼时，使用合乎规范的“雅言”。句中的“雅言”大致相当于我们今天说的“普通话”，是先秦时代汉民族的共同语。再举个例子，《十三经》里的《尔雅》一书，是我国古代训诂学的开山之作，在语言学史上影响很大。《汉书·艺文志》指出：“古文读应尔雅，故解古今语而可知也。”按照王力先生的解释，“尔”是“近”的意思，“雅”是“正”的意思，“读应尔雅”就是讲解应该正确。怎样做到讲解正确呢？那就只有依照故训了。《尔雅》就是一种故训汇编，其书名也是由此而来的。正是因“雅”字有“正，合乎规范”之义，而将昆山腔称为“雅部”。

封建统治者历来有崇雅抑俗的倾向，花部戏不能登大雅之堂，长期受上流社会的歧视。据徐扶明先生《红楼梦与戏曲比较研究》一书考察，《红楼梦》中共涉及剧目37种，其中元杂剧3种，昆曲23种，弋阳腔6种，其他的5种。可见，在以贾府为上流社会代表的统治阶层中，日常听戏娱乐还是以昆腔为主。例如元妃回贾府省亲时点了《豪宴》《乞巧》《仙缘》《离魂》共4出戏：《豪宴》是清李玉《一捧雪》传奇中的第五出，写严世蕃宴请莫怀古之事；《乞巧》出自清洪昇《长生殿》，写唐明皇与杨贵妃七月初七晚上在长生殿密誓定盟；《仙缘》是明汤显祖《邯郸记》中的一出，描写吕洞宾等众仙人度引卢生出家修仙之事；《离魂》出自汤显祖的《牡丹亭》，讲述杜丽娘生病魂离之事。元妃所点4出戏，皆为昆山腔中最具代表性的剧目。

昆曲因其文辞典雅、唱腔优美，从明朝中叶到清初，一直以压倒性优势流

明天启黄一凤刻本，《牡丹亭》插图静深书屋原本，梦凤楼刊校《长生殿》绘图
引自姚旭峰《传统戏曲的多维透视：传奇、昆曲和京剧》，上海远东出版社，2014年。

行于剧坛。但到了康乾年间，随着地方戏曲声腔的不断滋生繁衍，具有强大生命力的花部戏逐渐兴起，最终引发了戏曲史上著名的"花雅之争"。

周贻白先生在《中国戏曲发展史纲要》中说："中国戏剧的革命却也是由扬州发展到北京，其关键仍是弘历（乾隆）南巡，盐商迎逢旨意所造成的局面。"乾隆帝曾六次南巡，负责接驾的两淮盐务，不惜斥重资蓄养花、雅两部戏班。无锡人钱泳于道光初年成书的《履园丛话》卷十二"演戏"条谓："梨园演戏，高宗南巡时最盛，而两淮盐务中，尤为绝出，例蓄花、雅两部，以备清唱。"盐商沿河两岸搭起数十里的戏台奏乐演出，使本来不登大雅之堂的花部

花部戏的繁盛
引自郑雷《昆曲》，浙江人民出版社，2005年。

戏，名正言顺地登上了都市的舞台。乾隆帝的六次南巡，客观上促进了花部戏的兴起。

“花雅之争”的范围遍及全国，但最重要的战场是在北方、南方的两大戏曲中心北京和扬州。北京作为全国政治、经济、文化中心，自然成为花雅两部较量的重镇。当时活跃在京师的就有京腔、秦腔、昆腔、弦索腔、柳枝腔、山西勾腔、罗罗腔、乱弹腔、楚腔、二黄等多种声腔剧种。扬州作为经济、文化持续繁荣的江南重镇，商业活动以及应运而生的消遣娱乐业也随之兴旺发达。据李斗《扬州画舫录》记载，当地演出的戏班，除本地乱弹、土班、演唱昆腔为主的堂戏班，还有梆子班、二黄班、高腔班等。花、雅两部各剧种在北京、扬州的舞台上争奇斗艳，热闹非凡。

清廷统治者在花、雅两部的较量中，基本上站在崇雅抑花的立场上。《钦定大清会典事例》记载：“乾隆五十年议准，嗣后城外戏班，除昆、弋两腔仍听其所演唱外，其秦腔戏班，交步军统领五城出示禁止。现在本班戏子，概令改昆、弋两腔。如不愿者，听其另谋生理。倘于怙恶不遵者，交该衙门查拿惩治，递解回籍。”嘉庆三年 (1789) 清廷再次发布禁演花部诸腔的命令：“嗣后除昆、弋两腔仍照旧准其演唱外，其外乱弹、梆子、弦索、秦腔等戏，概不准再行唱演。”

花部戏的演出并没有因禁令的颁布而停止，反倒由于其强大的生命力进一步扩大了影响。花部戏特有的乡土气息，使其贴近生活而为百姓所喜，就连清代经学大师焦循在成书于嘉庆二十四年 (1819) 的《花部农谭》中也为花部戏摇旗呐喊。焦循认为：“吴音繁缛，其曲虽极谐于律，而听者未见本文，无不茫然不知所谓。”而“花部者，其曲文俚质，共称为‘乱弹’者也，乃余独好之……花部原本于元剧，其事多忠孝节义，足以动人；其词直质，虽妇孺亦能解；其音慷慨，血气为之动荡”。在这场争斗中，新兴的花部戏不管是音律、文辞还是情节，都更易于为百姓接受，最终促成了花部戏的兴起与繁盛。

【京剧三“鼎”甲】

“鼎”的甲骨文作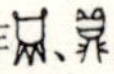，象三足两耳硕腹之形，是个象形字。《说文解字》：“鼎，三足两耳，和五味之宝器也。”鼎有三只脚，成语“鼎足而立”“鼎足三分”之“鼎足”，就是利用鼎的三足构造，比喻三种势力各据一方、分立相持的局势。从外形看，鼎除了三足、两耳、圆腹的形制外，还有四足、两耳、方形之鼎。日常生活里，鼎相当于现在的锅，用来烹煮、盛放肉类食品。

殷商时，鼎作为一种礼器出现在祭祀先祖、宴飨宾客的场合，其使用数量有严格的规定。天子用九鼎，诸侯七鼎，大夫五鼎，士用三鼎或一鼎，普通百姓没有使用鼎的权利。所以，“列鼎而食”“钟鸣鼎食”都是形容富贵人家的奢华生活。

鼎除了作为礼器外，还可以用为刑具。古代有一种“烹刑”，受刑人被投入盛有液体的大鼎，点火烹煮，直至死亡，是种异常残酷的刑罚。《史记 · 高祖本纪》记载，汉王刘邦派遣谋士郦食其游说齐王田广归汉，齐王放弃了战备与汉订立合约，共同攻打项羽。韩信因妒忌郦食其之功，采用蒯通的计谋，袭击攻破了齐军。齐王以为自己被郦食其所骗，于是“烹郦生”，对郦食其施以“烹刑”，将其扔进大锅活活煮死了。

以鼎为代表的青铜器上铸刻有文字，记载了当时政治、经济、战争等方方面面的内容。清道光年间出土于陕西岐山的毛公鼎因铸器者为毛公而得名，是周宣王时期的青铜器，距今已有2 800多年。鼎的内壁有铭文32行共499字，是迄今为止发现的铭文字数最多的西周青铜器，郭沫若称赞它“不亚于当时的一篇文献”。铭文记载，为中兴周王室，周天子策命重臣毛公忠心辅佐王室，并赐予毛公大量酒食、衣服、奴隶、兵器、车马仪仗以及玉饰等。毛公感恩于周天子的委以重任及赏赐，特铸此鼎并刻文以记其事。

与“鼎”相关联的“三鼎甲”“鼎甲”再加上“三甲”一词，最初都是封建社会科举考试中的名词。三个词含义是否一样呢？宋太祖赵匡胤建立由皇

毛公鼎
引自王霖《国宝档案之谜》，吉林音像出版社、吉林大学出版社，2005年。

帝亲自主持的殿试制度，到宋太宗时把殿试录取的进士按“赐进士及第、赐进士出身、赐同进士出身”三个等级发榜，称为“三甲”。《续通典·选举》：“殿试，分一、二、三甲为次。一甲止三人……二甲、三甲若干人。”可见，“一甲”有三人，但“三甲”的人数绝对不止三个。一甲第一名称“状元”，第二名为“榜眼”，第三名是“探花”。由于一甲只有三名，而鼎多三足，所以将状元、榜眼、探花合称“三鼎甲”或“鼎甲”。新闻里经常看到或听到“某某无缘前三甲”“某某进入三甲”的句子，显然这里的“三甲”被当作了“前三名”。“三甲”中的“甲”类似于“等”或者“级”，不能指“前三名”，正确的用法应该是“三鼎甲”或“鼎甲”。

京剧形成初期，第一代演员中有三位威望高、贡献大、影响远的老生人才：程长庚、余三胜、张二奎。世人借用“三鼎甲”的美名，将三人称为“京剧三鼎甲”，也称“京剧老三鼎甲”“京剧前三鼎甲”。

程长庚大器晚成，于“三鼎甲”之中成名最晚，但后来居上，在早期京剧史上威望最高，影响最大，有“伶圣”之美誉。程长庚名椿，字玉珊，安徽潜山人。十一二岁时入和盛成科班学习昆曲，出科后搭四大徽班之一的三庆班，并于道光二十五年（1845）成为该班首席老生和班主。《中国近世戏曲史》：“斯时（咸丰间）三庆班老生中忽出一伟大艺人，即安徽人程长庚是也。程本精昆曲，最工二簧。声调绝高，登台一奏，响彻云霄。资性颖慧，精通剧曲，研究种种，多所改良，以助戏剧进步，又能主宰伶界，名望无比，人称之曰大老板，至今剧界尊之，不啻剧神。”这段话极为中肯地评价了程长庚为京剧形成和发展作出的贡献。他不仅有卓越的组织才能，且严于律己，恪守班规。为了维护全班利益，三庆班规定，演员不得应外串演出。程长庚甚至不惜触怒权贵，坚决拒绝在某王公的堂会上演出，即使身披枷锁仍不从命。为了三庆班的事业，程长庚作为头牌老生、一班之主，在配角因故未到时，他能放下身

程长庚之鲁肃画像
引自张永和《皮黄初兴菊芳谱——同光十三绝合传》，上海世纪出版股份有限公司上海古籍出版社，2014年。

段，经常饰演配角，这在主配角界限分明的梨园行极为难得。同行们考虑到程老板饰演配角，有碍于盛名，便加以劝阻。程长庚言道："众人搭三庆班乃因我程长庚，众人为我，我又何敢不以手足视众人！正角唱戏，配角亦何独不唱戏耶？"程长庚在梨园界的至高地位，跟他公正无私、待人宽厚、以德服人、不谋私利的品行是紧密联系在一起的。

余三胜，湖北罗田县人，本名开龙，字启云，本为湖北汉戏末角演员，于清道光年间进京搭徽班演唱，后为四大徽班之一"春台班"的班主。"京剧三鼎甲"中，余三胜年纪最长，成名也最早。演唱方面，他以汉调为基础，善于吸收徽调、昆曲、秦腔的特点，创造出一种抑扬婉转的皮黄唱腔，丰富了原来比较简单的唱腔旋律。此外，余三胜培养其子余紫云继承了自己的京剧事业，余紫云又培养了三子余叔岩。余叔岩创始的流派，世称"余派"。余派弟子中成就极高的有杨宝忠、谭富英、李少春，还有余派唯一的女弟子，人称"冬皇"的孟小冬等，都是京剧行响当当的名角儿。

张二奎原名士元，河北衡水人，道光时曾任都水司经承。张二奎出身书香门第，但其志趣不在读书，反倒对京剧情有独钟。24岁时曾以票友名义参加和春班的公开演出，因当时清政府规定，凡在朝任职者，不得粉墨演剧，最终被上司撤职。被逼上梁山的张二奎不得不正式下海，成为和春班台柱老生。张二奎与程长庚、余三胜鼎足而立，但声誉一度超过程、余，有“剧界状元”的称号。可惜他的舞台生命不长，殁时仅46岁。

到了京剧第二代演员，又涌现出三位杰出的老生人才：谭鑫培、汪桂芬、孙菊仙。这三人以“京剧小三鼎甲”“京剧后三鼎甲”著称于世。

唱念做打话四"功"

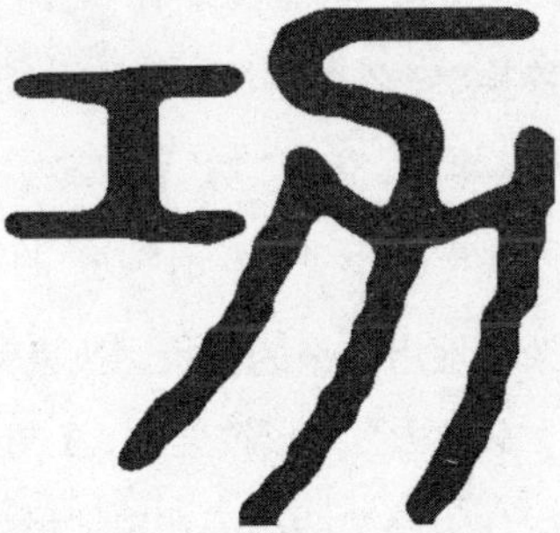

戏谚曰："台上三分钟，台下十年功。"梨园行于练功学戏、舞台实践方面，总结出不少术语和格言，多是强调戏曲演员的培养需要长期训练，靠突击速成是行不通的，舞台上短短几分钟的表演，背后却需要很多年的艰苦训练。

京剧行里，演员需要掌握的基本修养或者基本功概括为"四功五法"。按照传统的解释，四功是"唱、念、做、打"，五法为"手、眼、身、法、步"。京剧作为一门综合艺术，演员必须掌握好"唱、念、做、打"四门基本功，才能更好地表现和刻画各种人物。至于"五法"，究竟什么叫"法"，历来众说纷纭，争议点集中在对"手、眼、身、法、步"中"法"的理解上。"法"字如何解释？一种观点认为，"法"是"手、眼、身、步"几种技术的规格和方法；另一种意见认为"法"是"发"的讹传，"法"应是甩发的技术。此外，程砚秋先生提倡的五法"口、手、眼、身、步"，多的这个"口"指发音的口法。我们把意见不一的

“五法”先放一放，主要谈一下“四功”。

“功”字左边的偏旁“工”，甲骨文作、，金文作、，小篆作，其字形来源，迄今没有定论。吴其昌认为该字是伐木之斧的斧形，姜亮夫也认为是“石器时代所遗的斧形工具”，杨树达说“工象曲尺之形”，也有学者依据小篆字形，解释为象规矩之“矩”。各家的说法虽然不一致，但都认为“工”是某种工具的形象。“工”既是工具，后来就用其指代使用工具之人“工匠”。《论语·卫灵公》：“工欲善其事，必先利其器。”句中之“工”，正是“工匠”义。“功”字中的偏旁“工”为其声符，提示“功”的读音。

“功”字右边的“力”字作为形旁，表示“功”的意义范畴。甲骨文“力”字作，金文作，均象古人犁地用的耒的形状。执耒劳作需要力气，“力”字遂引申出“力量、力气”义。以“力”为形符之字，多与“力量、力气”相关。例如“男”字，农耕之事需由体力强健的男子在田地里尽力劳作，先民即从田从力会合“男子”之意。“劣”字由“力”字上面加一“少”(shǎo)字，“少力”即力气弱小。例如《聊斋志异·促织》：“即捕得三两头，又劣弱不中于款。”句中之“劣”，用的正是“劣”的本义“力气弱小”。

“功”字的本义是“功绩、功业”。《史记·廉颇蔺相如列传》：“我为赵将，有攻城野战之大功，而蔺相如徒以口舌为劳，而位居我上。”句中之“功”，指的是“以劳定国”，强调的是对国家的功绩和贡献。

“功”字后引申为做事的“功效、成效”，不再局限于对国家和社会的贡献。《孟子·公孙丑上》：“当今之时，万乘之国行仁政，民之悦之犹解倒悬也，故事半古之人，功必倍之，惟此时为然。”意思是：现在这个时候，拥有万乘兵车的国家施行仁政，民众感到喜悦，犹如倒挂着被解救下来一样，所以花费上古人一半的力气，必定能够得到双倍的功效。成语急功近利、事半功倍、徒劳无功、大功告成等，都是用的该义项。

“功”还可以表示从事一定的工作、事业，例如农事、劳役等都可以称为“功”。《诗经·豳风·七月》：“嗟我农夫，我稼既同，上入执宫功。”诗句里的“宫”字不指皇宫，而是房屋、居室的通称。《尔雅》：“宫谓之室，室谓之宫”，“宫”等同于“室”，到秦汉时“宫”才专指帝王的居所。“上入执宫功”是农夫们感叹自己刚刚收割完庄稼，又要去服室内的劳役。

最能够代表中国文化精髓的词语除了“茶”“丝”“瓷器”“阴阳”“风水”“太极”等，还有“功夫”一词。这主要得益于20世纪70年代李小龙功夫电影的横空出世。如今“功夫”已经成为国际上通行的词语，提到“中国功夫”，外国人都知道是“中国武术”的意思。但“功夫”除了“武术”义，还可以指做事花费的时间和精力，例如我们常说的“功夫不负有心人”。

现代汉语里，“工夫”与“功夫”是一组同音词，常常有人搞不清这组词的区别和用法。事实上，凡是和“时间”有关的，要用“工夫”一词，例如：小明只用了半天工夫就学会了骑自行车。“工夫”也可以指“空闲时间”，例如：下午有工夫了再去街上买菜。在某些方言中，“工夫”还可以指“时候”，例如：我小时候那工夫，能填饱肚子就不错了。而“功夫”一词承担的是“本领、造诣”的意义。例如谈到某些艺术家诗歌、绘画、书法、歌曲演唱、戏曲表演等方面造诣很高时，就说这些艺术家功夫很深。

京剧演员必须掌握四种功夫：唱功、念白、做功、武打，习惯称为“唱念做打”。这四种功夫在京剧舞台上须臾不可离，是京剧演员刻画人物、表现剧情的主要手段，其重要性不言而喻。京剧作为一门程式化的艺术，对“唱念做打”有严格的规定和要求，纵使先天条件极其优越的演员，也需要通过刻苦训练“唱念做打”四项基本功，才能达到极高的境界，成为一名全面的京剧演员。

“唱”指歌唱，位于四功之首，是将吐字、行腔、用气结合在一起的表演手

四大名旦
毛峰《不可不知的中国传统文化常识》，中国妇女出版社，2010年。

段，讲究吐字准确、清楚，行腔抑扬顿挫，要以字生腔，以情代腔。“唱”不仅是表达、渲染剧中人物思想感情的重要手段，更是区分不同流派艺术的重要标志。梅兰芳、尚小云、程砚秋、荀慧生“四大名旦”，各领风骚、各呈异彩，无不是以各具特色的唱腔为其流派特色。

“念”指具有音乐性的念白，在京剧中主要起叙事、交代情节的作用。大家可别小看念白，京剧界惯有“说千金，唱四两”“千斤话白四两唱”的戏谚。要想唱好虽不易，但毕竟唱时有既定的旋律、节奏可以依循，又有胡琴等乐器的烘托伴奏，等于说是有依靠的。而念白一无旋律可依，二无乐队伴奏，要想念出京剧特有的音乐性和韵律性，全靠演员运用咬字、轻重缓急、抑扬顿挫、节奏变化等技巧。清代戏曲家李渔言道：“梨园之中，善唱曲者，十中必有二三，工说白者，百中仅有一二。”可见“念”也是一门大学问。

“做”泛指表演技巧，又特指舞蹈化的形体动作。京剧舞台上骑马、坐轿、开门、关门、上楼、下楼等动作与生活中的样式并不完全一样，要通过程式化的动作完成，这些程式化的动作都要通过“做”功展示出来。做功包括身段、表情、手势、眼神等，每一项都有不同的规范、章法，总的要求是要具有舞蹈的韵律和美感。

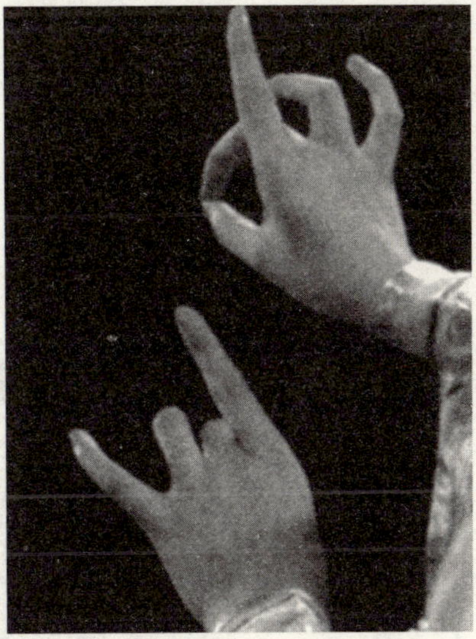

京剧手势

引自解玺璋、张景山《京剧常识》，文汇出版社，2008年。

“打”是指武打和翻跌的技艺，用来表现各种不同的战斗场面，一般要求动作干净利落、稳妥准确。“打”功分为“把子功”和“毯子功”两大类。“把子功”指演员手持刀、枪、剑、锤等各种长短兵刃，模拟武打战斗的基本功。“毯子功”指各种筋斗以及身体各部位相继着地的翻、滚、跌、扑、腾、跃等动作技巧，因其为了保护练功人员的安全，多在柔软的毯子上练习，所以称“毯子功”。

【口传心“授”】

现代汉语里“受、授”二字的用法，区分很明确：表示“接受、得到”义时，使用“受”字，例如“受贿、受惠”等；表示“授予、给予”义时要用“授”字，例如“授奖、授权”等。

甲骨文“受、授”却是共用同一个字形，写作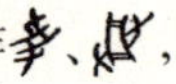，字形象上下两只手，中间为盛东西的器皿。从一只手上把东西交到另一只手上，表示“授予”；从另外一个角度看，是一只手接过另一只手中的器皿，也可以表示“接受”。所以甲骨文的“受”字包含“接受”和“给予”两种相对立的含义。例如甲骨卜辞曰：“我受黍年”(《殷虚文字丙编》第8片)，“受”为“接受、得到”，意思是：我们会得到黍子的好收成吗？卜辞曰：“帝受我右？”(《小屯殷虚文字乙编》第3787片)，这句中的“受”用作“授”，意思是：上帝给予我福佑吗？

文言文中的“受”也常常既表“接受”义，也表“授予”义。我们说“满招损，谦受益”，大诗人李白的诗句“三军受号令，千里肃雷霆”，这两处的“受”都是“接受”义。《商君书》：“今先圣人为书而传之后世，必师受之，乃知所谓之名。”意思是从前圣人著书传给后世，必须由老师教授人们才懂得书中所说的内容和概念。“必师受之”中的“受”是“授予”义。后来，由于“授予”的义项使用频率很高，为了使文字有所区分，减少在使用中的混乱，古人就在“受”字左边加“手”旁，分化出了“授”字，专表“授予”义。例如《孟子·离娄上》：“男女授受不亲，礼也。”这里的“授”为“给予”义，而“受”则是“接受”义，二者就有了明确分工。

“受”表示“接受”，接受的既可以是积极的事物，也可以是消极的事物。如果必须接受的东西是自己不愿意拥有的，那么这种“接受”，其实就是一种“遭受”，因此“受”又引申有“遭受”义。例如《诗经·邶风·柏舟》：“觏闵既多，受侮不少。”意思是遭遇的苦难已很多，遭受的侮辱更不少。

“授”字的本义“予也”，是给予的意思。《诗经·豳风·七月》：“七月流火，九月授衣。”诗句中“七月流火”经常被大家误认为：阳历七月骄阳似火，空气中仿佛流动着火焰一样，形容天气异常炎热。首先，“七月”不是阳历七月，而是夏历，即俗称的农历七月。“流”也不能解释为“流动”，而是“向下行”。“向下行”的主体是句中的“火”，又称“大火”，它既不是烈火，也不是热风，而是星宿名。每年夏历五、六月份黄昏时，“大火”星出现在正南方，此时方向最正，位置最高。到了七月，就开始偏西向下行，这时候的暑热渐渐退去。因此，“七月流火”并非指天气炎热，相反却是天气逐渐变凉的信号。正是由于天气变凉了，所以紧接着要“九月授衣”，意思是：农历九月把裁制冬衣的工作给予女工们去做，这也是后世将农历九月称为“授衣月”的缘由。例如陆游《立冬日作》：“方过授衣月，又遇始裘天。”唐代的官员还有专门的授衣假，据《太平御览》引《假宁令》曰：“诸内外官五月给田假，九月给受衣假，为两番，各十五日。”在例行公休的假期中，田假和授衣假都是比较长的节假日，官员可以利用授衣假筹办冬衣、回家休息省亲等。

唐代大文豪韩愈《师说》：“师者，所以传道受业解惑也。”“受业”之“受”在这里通“授”字，意思是老师是传授道理、讲授学业、解答疑问的人。作为传道、授业、解惑的老师，古往今来名气最大的莫过于“杏坛授业”的孔子了。“杏坛授业”的典故出自《庄子·渔父》：“孔子游乎缁帷之林，休坐乎杏坛之上。弟子读书，孔子弦歌鼓琴……”意思是：孔子到一个名叫缁帷的树林去游玩，坐在长有很多杏树的土坛上休息。弟子们在旁边读书，孔子在唱歌弹琴。这本是庄子的寓言，并非实指，但后人却因这则寓言，在山东省曲阜市孔庙大成殿前筑坛、建亭、书碑、植杏。到了北宋，孔子的四十五代孙增修祖庙，将大殿北移，于其旧基筑坛，环植杏树，以“杏坛”命名。杏坛于明隆庆年间重修，并筑方亭。清乾隆于其中立《杏坛赞》御碑。“杏坛”在传说中本指孔子聚徒讲学之地，后泛指聚徒讲学的场所。我们形容一个老师教书育人、硕果累累，可以称之为“誉满杏坛”。

戏曲是门古老的艺术，师徒间讲究的是“口传心授”。明朝解缙“学书之法，非口传心授，不得其精”一句，道出了书法传承的特点，传统戏曲表演亦是如此。古代戏曲中的优秀剧目，都是靠着师徒间的口头传授、内心领会才保留了下来。那么，何为“口传心授”？我们以京剧为例，谈下“口传心授”的教学方法。

京剧师徒间之所以采用“口传心授”的教学方式，一方面，由于伶人大多不识字，文化水平不高；另一方面，也是由京剧表演最大的艺术特征——程式化所决定的。生活中纯自然的形态动作不允许直接出现在京剧舞台上，必须把生活里的动作提炼、概括、夸张、美化成具有一定规律的艺术表现形式。为了掌握这些程式化动作，京剧各个行当的演员都要通过老师的“口传心授”进行教学与学习。

粤剧名伶陈非侬带学生练习“单脚扎架”

引自罗铭恩、罗丽《粤剧》，广东教育出版社，2010年。

“四功五法”的基本功是演员塑造舞台人物的先决条件，但如果仅靠学习书籍教材中对各项基本功的定义，学生难以完成教学目标。例如对水袖功的学习，演员怎样利用水袖做出丰富的动作、表达人物复杂的感情和心理变化，单靠书本上的描摹是说不明白的。多达数百种运用水袖的具体姿势，必须依靠老师一次又一次的示范讲解，学生反复的临摹练习，才能达到熟能生巧的地步。程砚秋先生在谈到自己小时候学戏时说：“徒儿跟着师傅学唱，一句一句模仿着唱，就是要做到不走样，强调学得精准，达到规范。”所谓“口传”不仅仅是通过口头的言教，更是包含了老师对规范动作及技法的亲自示范，学生通过模仿，苦练唱念做打，才能最终掌握、积累大量的程式表演动作，为舞台形象的塑造打下基础。

老师不单要把动作、唱腔一点一滴教给学生，而且要在更高的层面上通过“心授”，传承自己的审美感悟和演艺心得。学生从最初对动作、唱腔的模仿、接受、熟练，到对精妙之处的心领神会，都离不开老师的启发与引导。所以戏曲界讲究师承关系，认为“名师出高徒”。侯宝林先生说：“在学艺这桩事情上，没有无师自通这一说。”这些都说明了教师在传承艺术中的重要性，

著名京剧花脸表演艺术家郝寿臣给学生说戏

引自金耀章《中国京剧史图录》，河北教育出版社，1994年。

乃至有人将戏曲的教学方式称之为“活体传承”。

当然了，“口传心授”这种学习方式背后，学生吃的苦也是不言而喻的。一个动作、一句唱腔动辄几十上百遍地重复，但也唯有这样，才能练出扎实的基本功。著名京昆表演艺术大家俞振飞先生回忆：“我父亲平日对我关怀爱护无微不至，而对我学昆曲却要求极为严格。他强调要我认真地‘拍曲子’，就是一遍又一遍地跟他唱同样一支曲子。每一支曲子，他要我唱一百遍以上。如果唱的过程中，有一字一腔被他认为不够准确，就要重唱一百遍，所以，有时我甚至一支曲子唱到四百遍。我虽然从小培养起了对昆曲的爱好，但这样几百遍地唱，毕竟感到枯燥乏味……后来，我二十多岁了，别的朋友找我学曲子，我在给他‘拍曲子’时才体会到，要是没有拍几百遍的基础，就唱不出韵味来。”若俞振飞先生没有幼时几百遍“拍曲子”的经历，日后怕是也难以自成一派。

“口传心授”是戏曲教学在漫长时光里积累的宝贵经验，这些经验是我们应该珍视并且进一步发扬光大的。随着现代社会声光电影等高科技的发展，以及戏曲演员文化素质的提高，“口传心授”的传承方式应该怎样充分地利用这些有利条件也是我们应该进一步探索的课题。

【戏曲“行”当】

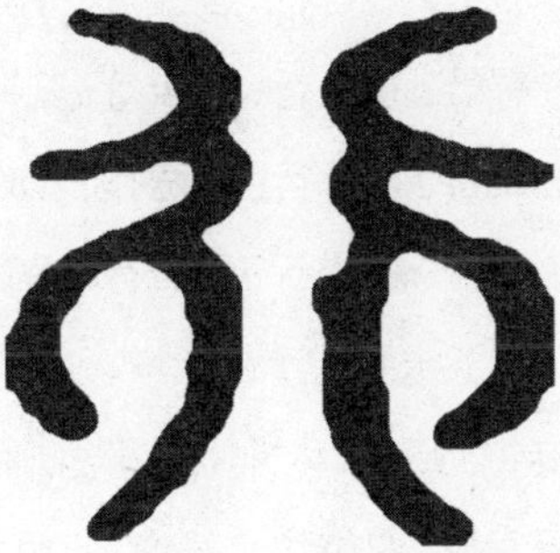

甲骨文、金文“行”字作、，象四通八达的道路，所以“行”的本义为道路。例如《诗·豳风·七月》：“女执懿筐，遵彼微行，爰求柔桑。”句中“微行（háng）”指“小路”，用的正是“行”的本义。凡以“行”为形旁的字，多与道路有关。例如“街”为四通八达的路，“衢”指大路，“衙”是队列行进干路上的样子。

道路本为供人行走，“行”由本义引申出“行走”的义项就很自然了。《说文解字》释“行”为“人之步趋也”，讲的正是“行”的引申义。《老子·六十四章》：“千里之行，始于足下。”不管行走多远的路程，必须从脚下迈开的第一步开始。这个古老的哲理比喻要实现远大的目标，需要从小事一步一步做起。

“行”由“道路”引申出“行列、排行”的义项。人们又把“行列”的义项用于社会上不同的分工，随即产生出“行业”义。常言道“三百六十行，行行出状元”，这句妇孺皆知的谚语鼓励人们不管从事什么工种，都不要气馁，脚踏实地地奋斗，终会取得一番成就。

“三百六十行”作为对社会上各种行业的一种概括，到底包含了哪些行当呢？南宋人周辉的笔记小说《清波杂志》记载了不少典章制度、社会风俗及物产资源。书中载有唐代三十六行：“酒行、肉行、米行、茶行、柴行、纸行、巫行、海味行、鲜鱼行、酱料行、花果行、汤店行、药肆行、宫粉行、成衣行、珠宝行、首饰行、文房行、用具行、玉石行、顾绣行、扎作行、皮革行、古旧行、棺木行、针线行、丝绸行、仵作行、驿传行、铁器行、钢置行、花纱行、杂耍行、鼓乐行、彩兴行、陶土行。”到了宋代，行业渐增，更为七十二行。元代又增为一百二十行，明代才最终扩为三百六十行。例如明代无名氏《白兔记·投军》：“左右的，与我扯起招军旗，叫街坊上民庶，三百六十行做买卖的，愿投军者，旗下报名。”

“梨园行”是旧时对戏曲界的称呼，源于唐玄宗于“梨园”教习艺人。后人遂以“梨园”泛指戏班或演习场所，将戏曲演员称为“梨园子弟”或“梨园弟子”。

戏曲舞台上，根据所扮演人物角色类型的不同划分出不同的行当。京剧早年间分生、旦、净、末、丑五大行当，后来“末”行归入“生”行，实际上只有“生、旦、净、丑”四行。“生”的名目，最早见于宋元南戏，泛指剧中男主角。“旦”行扮演各种不同年龄、不同性格、不同身份的女性角色。“净”行俗称“花脸”，因其在面部勾画黑、白、红、蓝、绿等彩色图案，也叫“花面”，多饰演性格粗犷豪迈的人物形象。“丑”行也叫“小花脸”“三花脸”，其典型特色是在鼻梁眼窝间用白粉勾画一个粉块，多饰演喜剧人物。各个行当的服装、化妆、表演程式均有一定的规范，所以有“隔行如隔山”之说。

“生、旦、净、丑”各个行当根据所扮演人物的年龄、社会地位、性格的不同再分为若干小类。以旦行为例，又可细分为正旦、花旦、花衫、武旦、刀马旦、老旦等。

青衣

引自蔡瑞鸿《京剧知识与欣赏》，天津大学出版社，2009年。

正旦，因其人物的扮相总是穿一种朴素的青褶子，又名青衣。正旦多是扮演端庄贤淑、举止大方的中青年女性，一般都是贤妻良母、贞洁妇女等善良的正面形象。旧时，封建礼法对妇女管束异常严格，要求目不斜视、笑不露齿，甚至袖不漏指。对应于戏曲舞台上，青衣演员为了体现稳重安详的姿态，不管坐、立、行、走，都要求一只手横在胸前，捂住胸口，另一只手垂在身旁，因此青衣又被称为“抱肚子旦”。青衣扮演的妇女多是家境贫寒或是身遭不幸，其扮相也多为贫苦妇女的模样，故青衣又俗称“苦条子旦”。典型的青衣形象有《三娘教子》中的王春娥、《三击掌》中的王宝钏、《桑园会》中的罗敷女等。

花旦主要扮演性格天真活泼、敏捷伶俐或泼辣不羁的青年女性，其服装色彩艳丽，以短褂子、短裤子或者短袄子、短裙子为主，衣服上常绣有色彩鲜艳的花卉图案，以表现其娇憨活泼的性格。花旦有狭义和广义两个概念。狭义的花旦，其扮演的青年女子性格活泼，聪明伶俐，这种角色以丫鬟居多，如《西厢记》中的红娘、《花田错》中的春兰、《春草闯堂》中的春草等。广义的花旦包含范围较广，按照扮演人物性格的不同，划分为“闺门旦”“玩笑旦”“泼辣旦”等。闺门旦扮演未婚少女，多是些大家闺秀或小家碧玉，如《拾玉镯》中的孙玉娇、《柜中缘》中的刘玉兰、《金玉奴》中的金玉奴。玩笑旦扮演好说好笑、幽默诙谐的青壮年妇女，多出现在喜剧或者闹剧里，常与丑角搭配演出，比如《卖饽饽》中的王三姐、《打面缸》中的周腊梅。泼辣旦扮演性格直爽泼辣，说话锋利、尖锐的青年女性，这种人物敢说、敢骂、敢怒、敢打，如《坐楼杀惜》中的阎惜娇、《武松杀嫂》中的潘金莲。

花衫的名称大约出现于20世纪一二十年代，创始人是王瑶卿先生。花衫形成之前，青衣偏重唱、花旦偏重做、刀马旦偏重武，单纯的唱、做、舞总是比较单调，而花衫是将青衣、花旦、刀马旦的特点熔于一炉，唱念做打并重，极大地拓宽和充实了旦角的表演戏路及艺术表现力。这一行当出现后，四大名旦争相排演了不少花衫戏，例如梅兰芳的《贵妃醉酒》《廉锦枫》《天女散花》《霸王别姬》，尚小云的《汉明妃》《摩登伽女》《双阳公主》《谢小娥》，程砚秋的《梅妃》《锁麟囊》《红拂传》《英台抗婚》，荀慧生的《红楼二尤》《霍小玉》《钗头凤》《杜十娘》等，这些花衫戏成为四大名旦的代表剧目。

武旦

引自刘庆华《京剧九讲》，山东教育出版社，2013年。

武旦、刀马旦都是扮演精通武艺的女性角色。武旦主要穿短装，系腰巾，要具备鼎功（拿大鼎）、扑跌功、出手功等多种功夫。其中，出手功又叫打出手、踢出手，以打出手者为中心，与敌对数人相互配合，抛掷接踢武器，用来表现惊险激烈的战斗情景。《泗州城》中的水母、《十字坡》中的孙二娘、《打瓜园》中的陶三春、《打焦赞》中的杨排风，都是武功超凡的武旦角色。武旦不以唱念为重，但刀马旦唱念做打各功兼备，例如《穆柯寨》中的穆桂英、《战金山》中的梁红玉、《马上缘》中的樊梨花、《佘赛花》中的佘赛花等。

老旦

引自刘庆华《京剧九讲》，山东教育出版社，2013年。

老旦，顾名思义是扮演老年妇女角色的行当。表演特点为唱、念都用本嗓(真声)，面部化妆施淡彩，服饰颜色深沉，以显示深沉稳重的性格。表演中有些老旦重唱功，有些重做工。《钓金龟》的康氏、《望儿楼》的窦太真都是唱功老旦，《清风亭》的贺氏、《雁门关》的佘太君都是做工老旦。

除旦行外，生行包括老生、小生、武生、红生、娃娃生等几个门类。净行可分为正净、副净和武净三大类。丑行可分为武丑和文丑两大类。在此，就不再一一赘述。

【“须”生与胡子】

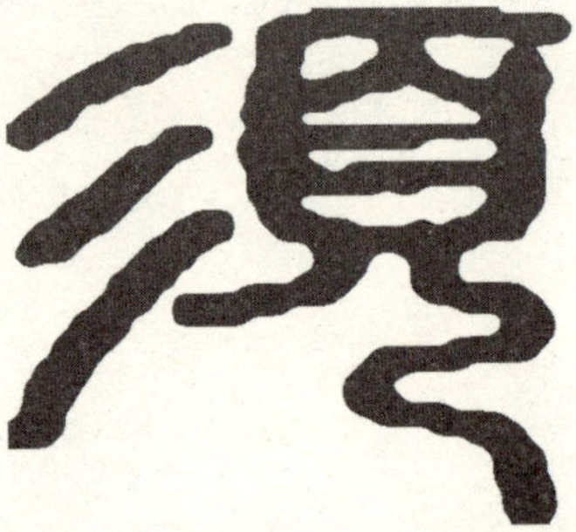

京剧“生旦净丑”中的“生”是扮演男性角色的行当，包括老生、小生、武生、红生、娃娃生等几个门类。其中老生主要扮演中年以上的男性角色，按照表演特点的不同，又有唱工老生、做工老生和武老生的区别。

唱工老生，顾名思义以唱为主，动作较少，唱腔偏重抑扬婉转。唱工老生无论是唱腔还是扮演人物，都讲究安详、沉稳，因此又唤作“安工老生”。例如《二进宫》的杨波、《文昭关》的伍子胥、《空城计》的诸葛亮，都属于此类老生。

做工老生刻画人物以做工为主，也叫“衰派老生”。之所以称为衰派老生，一种解释是因为该行当扮演的多是衰老的男性人物，例如《三娘教子》中的薛保、《徐策跑城》中的徐策；另一种解释是因其饰演的角色多遭遇非常变故，情绪或激动或失常，从精神状态上看已接近颓唐衰朽，例如《坐楼杀惜》

老生

引自蔡瑞鸿《京剧知识与欣赏》，天津大学出版社，2009年。

中的宋江、《打棍出箱》中的范仲禹等。

武老生分长靠老生和短打老生两种。长靠老生又叫“靠把老生”：“靠”亦称“甲”，是京剧中对古代将士铠甲的特殊称呼，身穿铠甲，就叫作披靠或扎靠；“把”是“把子”的简称，俗称刀枪把子，是对表演中使用的兵器的统称，例如刀、枪、剑、戟、斧、钺、钩、叉等。《定军山》中的黄忠、《战太平》中的花云、《失街亭》中的王平等都是身披铠甲、手执器械，擅长武功的靠把老生。短打老生扮演的人物不穿铠甲，要穿箭衣，这种服饰原是旗人便于骑马、射箭，在下摆四面开口的服装。所以《打登州》中的秦琼、《南阳关》中的伍云召等也被称为箭衣武老生。

老生的典型外貌特征是有胡子，所以又称须生或胡子生。京剧里胡子有专门的名称“髯口”，亦称“口面”。舞台上的须生要根据角色身份、性格、年龄的不同，选择不同的髯口佩戴。之所以要“佩戴”，是因为如果像影视剧中

长靠老生

引自马铁汉、于文青《京剧的魅力》，江西出版集团百花洲文艺出版社，2009年。

的人物妆饰那样，把胡子粘在下巴或两颊上，胡子就不能随意甩动了。京剧里的髯口两侧有钩，要挂在耳朵上，演员们使用甩、扬、抖等十几种不同的髯口功，借以夸张地表现出人物的思想感情。

髯口的颜色有黑、灰（习惯叫"黪"或"苍"）、白三种，个别容貌怪异或性格暴烈的人物，也有戴红髯、紫髯、蓝髯的。髯口的样式极多，常见的有三绺、满髯等。三绺是把整个髯口分为三绺，形成"川"字形，人物颏下的大绺遮住嘴，两颊各一绺，戴三绺的人物多是清秀、儒雅之型。例如《武家坡》中的薛平贵戴黪三，《定军山》中的黄忠戴白三，《白帝城》中的诸葛亮戴黑三。满髯是将口部完全遮住的连腮长髯，一般为武生和花脸所戴。戴黑满的如《铡美案》中的包公，戴黪满的如《野猪林》中的高俅，戴白满的如《群英会》中的

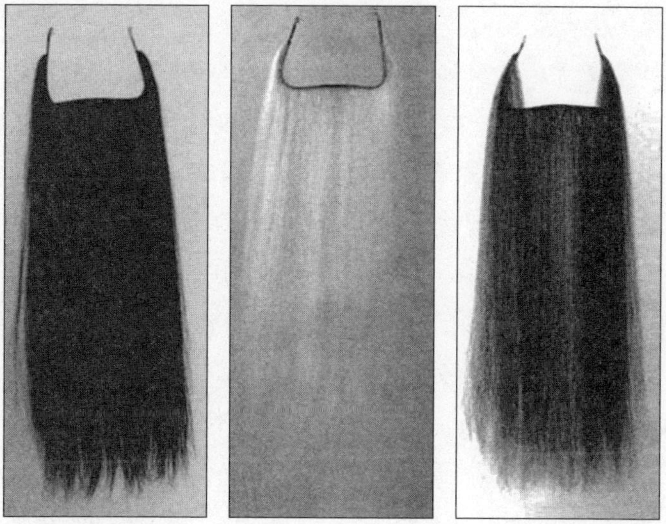

黑满白满黪满
引自刘月美《中国京剧衣箱》，上海辞书出版社，2002年。

黄盖。

挂胡须的老生在京剧中一直属于举足轻重的行当。京剧形成初期，第一代演员中的程长庚、余三胜、张二奎三位杰出的老生人才，被称为“京剧三鼎甲”。第二代演员中，又涌现出谭鑫培、汪桂芬、孙菊仙三位，被称为“京剧小三鼎甲”。到了第三代演员，“四大须生”的出现，更是标志着须生这一行当的流派纷呈、博大精深。

与“三鼎甲”“小三鼎甲”不同的是，“四大须生”的人员前后有些变动。20世纪20年代，最初的“四大须生”指余叔岩、马连良、言菊朋、高庆奎四位，简称为：余马言高。至30年代末，高庆奎因病嗓退出舞台，谭富英声名鹊起，谭代高进入“四大须生”。到了40年代与50年代之交，余叔岩、言菊朋先后谢世，杨宝森、奚啸伯相继成名，“四大须生”又演变成“马、谭、杨、奚”。

京剧须生挂的髯口是用犀牛毛或是人发制成的假须。我国古代男子多蓄须，以髯长为美。那么古人真实的胡子长什么样呢？

甲骨文里有个“而”字作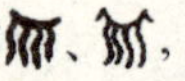，这不就是下巴上垂下的胡须吗？《周礼·考工记·梓人》：“凡攫杀援噬之类，必深其爪，出其目，作其鳞之而。”句中的“而”，就是“颊毛”，即脸两旁的胡须。在给某些合体字做偏旁时，“而”字仍然保留了“胡须”这一含义。古代有一种刑罚叫“耐”。《后汉书·陈宠传》：“耐罪千六百九十八。”何为“耐罪”？《说文解字》解释为“罪不至髡也”，是说这种比较轻的刑罚，只判处剔掉面颊上的胡须，还不到剔除头发的地步。

再来看个字形：。大家看，像不像一个人的脸上飘着几根长长的胡须？这就是金文里的“须”字了。到了小篆，字形变成。左边的彡，仍旧是胡须的形象；右边的“页”，本义指“头”。汉字中有“页”的偏旁，意义多与“头”有关，比如除了“须”字，还有“额”“颜”“顶”等。“额”位于头部，俗称“脑门子”；“颜”本指“额”，后引申为面部、脸色；“顶”是头顶，后引申为物体的上端。

“须”的本义是“面毛也”，专指下巴上的胡须。《汉书·高帝纪上》描写刘邦的相貌“隆准而龙颜，美须髯”，说汉高祖鼻梁高挺，上额突起，“须髯”很美。这里除了“须”字，又多了个“髯”字。两字都指胡子，只是长的部位不同。经学大家颜师古说“在颐曰须，在颊曰髯”——在下巴上长的胡子称作“须”，在脸颊上长的胡子称作“髯”。“美髯公”是对关二爷关羽的美称，《三国演义》第二十五回：“关公奏曰：‘臣髯颇长，丞相赐囊贮之。’帝令当殿披拂，过于其腹。帝曰：‘真美髯公也！’因此人皆呼为美髯公。”此处“髯”没有和“须”并举，单用一“髯”字，就包含了下巴上的“须”在内，表示胡子长得又长又密。

表示胡子的还有个“髭”字，《说文解字》：“髭，口上须也。”《释名》：“口上曰髭。”说明“髭”的本义指口上鼻下的胡须。《吕氏春秋》记载了“古之善相马者”十人，他们通过对马不同部位特征的审看，从而判断马骨节的高低、腿脚的快慢、体质的强弱、才能的高下等。其中“卫忌相髭”，卫忌通过审看马的须髭来相马。“髭”与“须”也常连用在一起泛指胡子，例如《古乐府·陌上桑》:“行者见罗敷，下担捋髭须。”

动植物及其他物体上长得像胡子的也可以称为“须”。例如一般单子叶植物没有明显的主根，只有许多细长像胡须的根，这种根就叫“须根”，类似的还有“触须”“花须”等词。

“须”除指胡子外，还有“必须”“等待”的义项。刘志基先生认为，这两个义项的产生也跟胡须义密切相关。在古人的心目中，胡须对于一个成年男子来说，实在是一种必需之物，因此“须”有了“必须”之义。至于“等待”这个义项，与古人蓄须的风尚有关，一部美髯的养成，需要长期耐心的等待。

现代人习惯将“胡须”称为“胡子”。胡的本义指牛颔垂下的肉，后来其他兽类颔下的垂肉或者皮囊也称“胡”。《诗·豳风·狼跋》:“狼跋其胡，载疐其尾。”“胡”就是狼颔垂下的肉，“跋”“疐”都是脚踩的意思。全句讲老狼往前走怕踩了颔下垂的肉，向后退又怕踩了它的尾巴，形容其进退两难。“胡”由兽类颔下的垂肉引申出“动物颔下的胡须”义。其后，词义再扩大为“人的胡须”。

“胡”是个形声字，“古”表声，“月”表形，但“胡”跟“月亮”在意义上没什么联系。右边的形旁“月”其实是“肉”，我们将其称为“肉月旁”，例如肌、肝、肺、肚、脚、脸等字中的“月”都与“肉”有关。这两个偏旁同形，是由历史上“肉”部与“月”部的合并造成的。

“胡”字早期较少单独表示“胡须”，更多的是与“髯、髭”连用。大约从宋代起，随着汉语词汇的复音化，“胡须”逐渐凝固成词，一直沿用到了今天。

【“坤”班崛起】

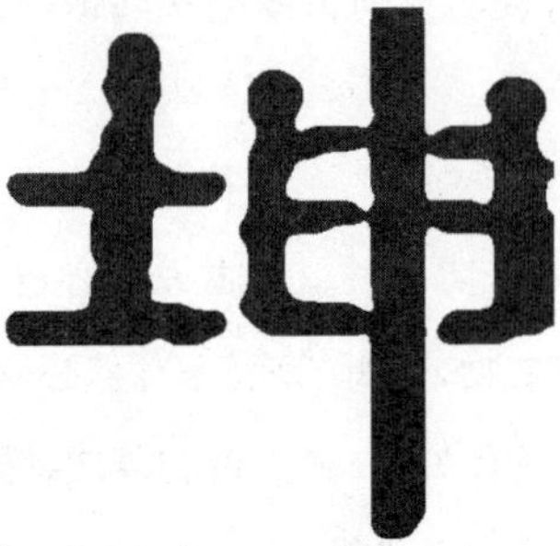

《说文解字》:“坤，地也，《易》之卦也。”“坤”指土地，又指《易》的卦象。作为八卦之一的坤卦，由三个阴爻组成，卦形为☷，其作为六十四卦之一，卦形为䷁。

坤字左边从“土”。“土”字甲骨文作、金文作，皆象土块之形。右边的“申”字甲骨文作、金文作，是电光闪烁的形象。远古百姓看到闪电，不明所以，以为是神灵所致，所以《说文解字》解释“申”的本义为神明。

《红楼梦》第五十回有云:“鳌愁坤轴陷，龙斗阵云销。”这是宝玉与姊妹们在芦雪亭“割腥啖膻”时的即景联句。“坤”的本义是“地”，“坤轴”即地轴，古代传说中以昆仑山为地轴。“鳌”是传说中的一种大海龟，《淮南子·览冥训》记载女娲炼五色石以补青天，又折断鳌的四肢把擎天的四根柱子支立了起来。“鳌愁”句是说大海龟恐大雪压塌大地而发愁。“龙斗”句用玉龙交战形容大雪纷飞,“阵云销”比喻雪止天晴。

北宋时有个“坤成节”,是宋哲宗继位后新增的一个节日。《宋史·礼志十五》记载:“哲宗即位,诏以太皇太后七月十六日为坤成节。”两宋王朝为庆祝皇帝、太后或者太皇太后的生辰设立了一些节日,称为“圣节”。坤成节的庆祝对象是宋神宗的嫡母,在哲宗朝已被尊为太皇太后的宣仁太后。宋哲宗之所以将宣仁太后的生日定为“坤成节”,源于《易·系辞上》有“乾知大始,坤作成物”之句。

古人惯用“乾”象征天,“坤”象征地,“乾坤”一词表示天地。例如金代元好问《自题中州集后》诗之三:“万古骚人呕肺肝,乾坤清气得来难。”乾、坤除与天地相比附外,还是男、女的象征。《易·系辞上》:“乾道成男、坤道成女。”很多与女性有关的词语都用到“坤”字。自行车前面没有横梁的女式车叫“坤车”,女士手表叫“坤表”,女子的生辰八字或者婚姻中的女方叫“坤造”。旧时联姻,女方家为“坤宅”,男方家为“乾宅”。例如清吴趼人《二十年目睹之怪现状》第七十回:“办事的人便打发人到坤宅去打听,汇报说新人正在那里梳妆呢。”

梨园行里有“坤角”一说。老舍《茶馆》第二幕:“现在,人家总长次长,团长师长,要娶姨太太讲究要唱落子的坤角,戏班里的女名角,一花就是三五千大洋!”句中的“坤角”也叫“坤伶”,是对戏曲女演员的称呼。至于“落子”,是1910年前后形成于唐山的一种地方戏,俗称“蹦蹦戏”,也叫“平腔梆子”。

京剧形成初期,所有女性角色都由男性扮演,女子不但不能登台演出,就连看戏也有种种禁令。据《清稗类钞》记载,道光年间,京师戏园子演戏,女性观戏还只是对位置有所要求,必须坐在楼上。但某位御史巡视中城后,“谓有伤风化,疏请严禁,旋奉严旨禁止”。不单京城,地方上也有类似禁令。“咸丰

清末戏园楼上女座

引自高新《京剧欣赏》，学林出版社，2006年。

时，张观准夙以道学自名，尝官河南知府，甫下车，即禁止妇女入庙观剧。”

光绪庚子年间，京师戏园子才逐渐开放女禁。女性观众进入戏园，给京剧舞台带来了翻天覆地的变化。京剧舞台上原本红火的题材是符合男性观众审美的历史戏、武打戏、三国戏。与打打杀杀的历史戏相比，女性观众更欣赏服饰、妆容方面的美感，更喜欢才子佳人的故事。观众审美态度的转变，促使京剧旦角迅速崛起，极大地改变了京剧舞台上惯以老生作为台柱的格局。其后，女性演员的登台以至坤班的崛起，更是为京剧界带来翻天覆地的变化。

同治十一年（1872），《申报》上刊有一首《海上竹枝词》：“吉祥街却不寻常，惟见行人站两旁。忽听一声锣鼓响，猫儿戏正闹头场。”“猫儿戏”又称“毛儿戏”“髦儿戏”，是同光年间首先兴起于上海、江浙一带，全部由年轻女子组成的戏班，这种戏班也称“坤班”。

“猫儿戏”的称呼，据清人王韬《瀛壖杂志》记载：“教坊演剧，俗呼为猫儿戏。相传扬州某女子擅长此艺，教女徒，率韶年稚齿，婴伊可怜，以小字猫儿，故得此名。”为何又称“毛儿戏”？据近人胡祥翰所著《上海小志》记载：“原名毛儿班，后多误作‘髦儿班’，盖上海之有女戏始于京丑李毛儿，购贫家幼女之聪秀者教以歌曲台步，凡绅宦家有喜庆等事恒演之，故名。”至于“髦儿戏”中的“髦儿”，据姚公鹤《上海闲话》：“今普通名曰髦儿，寓有时髦之意。然时髦者何仅女子之演戏者，人云亦云，亦以不求甚解解之而已。”

光绪二十年(1894)，上海出现第一家京剧女班戏园——美仙茶园。随后又有霓仙、群仙、女丹桂、云仙、玉仙、大富贵等女班戏园开设，自此“髦儿戏”有了固定的演出场所，女伶们正式登上城市戏园的舞台。一时间，坤伶们风起云涌，轰动一时。光绪三十一年(1905)刊行的《绘图游历上海杂记》记载了当时上海京剧坤伶的繁盛景象：“髦儿戏……海轮通后，京戏盛行，行头角色各擅其长，每届上灯时候，车马纷来，衣香鬓影，令人目不暇赏。具台上则革竹金丝，百音齐奏。迨至铜龙将尽，玉兔渐低，而青楼之姗姗来迟者，犹复兰麝烟迷，绮罗云集，诚不夜之芳城，销金之巨窟也。”坤班的兴盛一是由于观众看惯了演员男扮女装，当舞台上出现由青春靓丽的女性扮演的人物，新奇之感不言而喻；加之女演员的报酬较男伶要少，戏班费用较低廉；最为重要的一点是从异性审美的角度出发，女性饰演的旦角更能满足男性观众的喜好，有些人进戏园看戏，不问唱做如何，就是专门为看女伶而去的。

坤班在风气开放的上海红极一时，但在帝都北京以及内地城市，却一直被禁止演出。辛亥革命爆发后，北平市面萧条，政府遂将所有禁戏一律开放。京剧武生演员俞振庭为人精明，认为此中有利可图，随即呈递警厅请求解除坤伶入京之禁。批准后，俞振庭的双庆班在广和楼的演出实行了男女合演。北京观众耳目一新，趋之若鹜。据齐如山先生记载，北京坤班极盛时，“男班除梅兰芳一班可以与之抵抗外，其余男班可以算是都站不住”。一些戏园为了维持生意招揽观众，纷纷邀请坤班演出。

坤班虽然红极一时，但受社会大环境和艺术水平的限制，坤伶的社会地位一直不高。据江上行《六十年京剧见闻》所述:“旧社会男女授受不亲,唱京剧的也男女有别,最早京剧科班是不收女徒弟的。辛亥革命后,北京有了崇德社、维德社等坤班,女演员演唱京剧虽然盛行起来,但在很长一段时间里,她们还是进不了前门外的大戏园子,更甭说参加盛大的义务戏演出了。即使名闻全国的须生孟小冬,最早也只能在游乐场演出。”

进入民国后,在新思想的影响下,男女合演逐渐合法化,舞台上越来越盛行男女演员合班演出。清一色年轻女子组成的坤班,如昙花一现,逐渐销声匿迹了。坤班虽然衰落,但男女合演的局面,极大地促进了女性演员演技的提高。

〖无“丑”不成戏〗

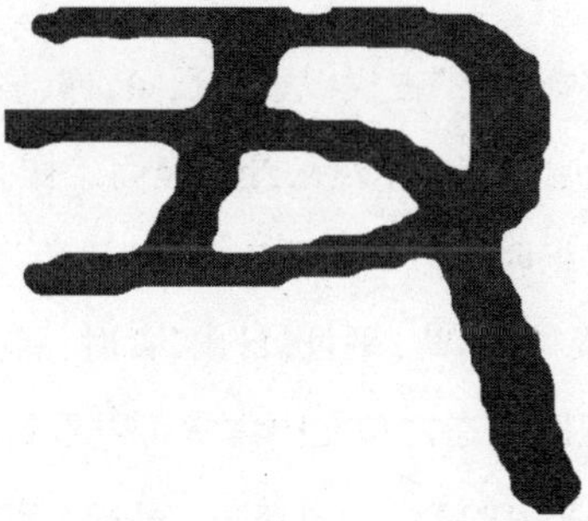

甲骨文“丑”字作，象手指弯曲之形，叶玉森认为是“手之古字”。“丑”作为单字表示“手”的义项，已经找不到例证了，但这个义项在合体字的偏旁中保留了下来。例如“羞”字，《说文解字》：“羞，进献也。从羊，羊，所进也；从丑，丑亦声。”“羞”的本义是进献食品，甲骨文作，金文作，小篆作，许慎说的“从丑”之“丑”，就是用的“手”的义项，“手”拿着一只“羊”表示“进献”。

“丑”字后来被借为地支用字，就另造了一个字形表示“手”字。地支在古人的生活里有很重要的作用，可以用来纪时、纪日等。古人将一昼夜等分后，用十二地支表示十二时辰，每个时辰相当于现在的两个小时。地支与现代时间的对照表如下：

地支	子	丑	寅	卯
今时	23:00—00:59	01:00—02:59	03:00—04:59	05:00—06:59
地支	辰	巳	午	未
今时	07:00—08:59	09:00—10:59	11:00—12:59	13:00—14:59
地支	申	酉	戌	亥
今时	15:00—16:59	17:00—18:59	19:00—20:59	21:00—22:59

高亨《文字形义学概论》:“古代以子、丑、寅、卯、辰、巳、午、未、申、酉、戌、亥纪每日之十二时,鸡鸣为丑时,人在丑时起而工作。”为什么说“鸡鸣为丑时”呢?古人除了地支纪时法以外,还有一套“天色纪时法”,根据天色的变化,把一昼夜等分为:夜半、鸡鸣、平旦、日出、食时、隅中、日中、日昳、晡时、日入、黄昏、人定。这种纪时法在古诗文中常常可以看到,例如《诗经》中的“女曰鸡鸣”,《孔雀东南飞》中的“奄奄黄昏后,寂寂人定初”。天色纪时法中的“鸡鸣”正好对应“丑时”,“黄昏”与“戌时”相当,“人定”就是“亥时”。天色纪时法与地支纪时法对照表如下:

天色	夜半	鸡鸣	平旦	日出	食时	隅中	日中	日昳	晡时	日入	黄昏	人定
地支	子	丑	寅	卯	辰	巳	午	未	申	酉	戌	亥

《左传·隐公元年》:“冬十月庚申,改葬惠公。”“庚申”是古人采用的干支纪日法,这种方法在甲骨文时代已经存在。例如《殷虚文字丙编》第368片:“癸巳卜,争贞:今一月雨?”意思是癸巳日占卜,贞人争(“争”为“贞人”之名)问:“现今一月份之内下雨吗?”所谓干支纪日法,是将十天干跟十二地支组合在一起。十天干是:甲、乙、丙、丁、戊、己、庚、辛、壬、癸;十二地支就是我们前面提到的:子、丑、寅、卯、辰、巳、午、未、申、酉、戌、亥。天干地支

组合的方式，具体而言就是把天干中的单数与地支中的单数，天干中的双数与地支中的双数配置在一起，依次排列出从甲子到癸亥共六十个单位，称为六十甲子，其次序如下：

甲子、乙丑、丙寅、丁卯、戊辰、己巳、庚午、辛未、壬申、癸酉、

甲戌、乙亥、丙子、丁丑、戊寅、己卯、庚辰、辛巳、壬午、癸未、

甲申、乙酉、丙戌、丁亥、戊子、己丑、庚寅、辛卯、壬辰、癸巳、

甲午、乙未、丙申、丁酉、戊戌、己亥、庚子、辛丑、壬寅、癸卯、

甲辰、乙巳、丙午、丁未、戊申、己酉、庚戌、辛亥、壬子、癸丑、

甲寅、乙卯、丙辰、丁巳、戊午、己未、庚申、辛酉、壬戌、癸亥。

六十甲子的排列组合方式是固定的，每一天干在一个周期内配置六次，每一地支在一个周期内配置五次。

干支"甲午""戊戌"除了纪日外，也被古人用来纪年。例如我们学习历史，经常会碰到"甲午战争""戊戌政变""辛亥革命"之类的历史事件。公元1894年，即光绪二十年，中日之间爆发了一场战争，这一年的干支纪年为"甲午"年，故称"甲午战争"。干支纪年萌芽于西汉，东汉章帝元和二年（85），朝廷颁布命令，使干支纪年在全国推行。自此，这种纪年法未曾中断，连续使用了两千多年。需要注意的是，我们今天看到的各种年表、历表中东汉以前的干支纪年，都是今人按照干支的顺序逆推出来的。

除了作为地支用字，"丑"字的一个重要义项是"长得难看"。大家熟悉的"西门豹投巫治水"的故事，谈到西门豹担任邺县令，为了破除"河伯娶妇"的迷信，西门豹要求为河神娶妇时，三老、巫祝、父老乡亲都要到河边去送新媳妇。到了那天，西门豹对老巫女说："呼河伯妇来，视其好丑。"意思是叫河神的媳妇过来，看看她长得美还是长得难看。需要注意的是"长得难看"这个义项，只在简化字中才写成"丑"，繁体字要写"醜"。古代"丑""醜"是意

义各不相同的两个字，各有各的本义、引申义和假借义，绝不相混。繁体字中，表示“可恶、厌恶、事物不好、样子难看、羞愧”等义项，要用“醜”字；而表示地支的第二位，十二时辰之一，要用“丑”字。简化字系统中，由于“丑”兼并了“醜”的所有义项，所以不管是“地支的第二位”还是“样子难看”，现在一律用“丑”字表示。

传统戏曲中扮演滑稽可笑的喜剧人物或反面人物的行当叫“丑行”。有些人认为丑行扮演的都是阴险毒辣的坏人，例如《连升店》中唯利是图的店主，《打严嵩》中仗势欺人的奴才严侠，《群英会》中自作聪明、阴险狡诈的蒋干等。其实，丑角并不等于反面人物，很多时候丑角也扮演机警、幽默、正直、善良的正面人物，比如《女起解》里忠厚善良的崇公道，《秋江》里助人为乐的老艄公，《拾玉镯》里风趣幽默的刘妈妈等。

人们常把丑角比作菜肴中的味精，几乎每部戏都少不了丑角的身影，所以戏曲界向来有“无丑不成戏”的说法。丑行的戏路极宽，上至皇亲国戚，下至黎民百姓，不管是机智幽默的正面人物，还是灵魂丑恶、道德败坏的反面人物，丑角都能扮演。这个行当极富喜剧色彩，能为观众带来许多快乐，特别是在一

萧长华扮演《女起解》中的崇公道

引自易边《国粹——中国京剧》，外文出版社，2005年。

些苦情戏中，丑角以其独有的插科打诨，常常可以缓冲观众悲伤的心情，起到调剂舞台氛围的作用。

丑角的戏份一般不太多，但功夫可是一点儿都不少。戏谚曰："千斤话白四两唱"，丑行演员的嘴皮子功极其厉害，这是由于丑行大多要靠念白跟观众直接交流，相应地就要求丑角演员嗓子好，口音纯正，吐字清晰分明、抑扬顿挫。丑行的腿功也非常了得，若是没有过硬的腿功，连台步都走不好。我们熟悉的《狮子楼》里的武大郎、《扈家庄》中的矮脚虎王英，都需要走矮子步来塑造人物形象。演员走这种台步时，双腿弯曲下蹲，脚跟踮起，臀部坐在脚跟上，立腰提气，以脚掌迈步行走。想要走好这种"矮子步"，没有过硬的腿功是万万不行的。

豆腐块儿脸

引自刘月美《中国京剧衣箱》，上海辞书出版社，2002年。

戏曲舞台上丑角的典型特征是脸上的"豆腐块儿"，它的来历要从唐玄宗讲起。相传多才多艺的唐玄宗痴迷戏曲艺术，宫廷里有演出时，玄宗非常喜欢扮演丑角。一国之君扮演丑角儿，无论如何都有损帝王尊严，为了遮掩帝王的尊荣，玄宗特意在脸上挂了一小块儿白玉，后世艺人就在鼻梁上勾一个类似白玉片儿的豆腐块儿，这就形成了现今丑行常用的脸谱样式。由于唐玄宗的缘故，丑角的地位也大大提高，受到戏曲艺人的推崇和尊敬。旧时的戏班后台，不管资历如何，都得等丑角儿勾画脸谱后，其他演员才能开始勾脸。戏台上有个"九龙口"，是发号施令的鼓师的座位，其他人不能坐，唯有丑角例外。戏班装王衣王帽的道具箱，也只有丑角敢坐。有些丑角儿演员在家里供奉李隆基的牌位与塑像，以此感谢唐玄宗带给他们的特殊身份与地位。

〖宁“穿”破，不“穿”错〗

《诗经·召南·行露》：“谁谓鼠无牙，何以穿我墉？”诗句中“穿”字小篆作，《说文解字》释为“通也，从牙在穴中”。是个有趣的会意字，上面是“穴”，下面是“牙”，俨然一幅“老鼠打洞”的画面。牙齿穿墙打洞，使墙穿通、穿透，所以“穿”的本义为“穿透”。例如《史记·韩长孺列传》：“强弩之极，矢不能穿鲁缟。”“弩”是用机括发箭的弓，比一般的弓射程远，杀伤性强。“鲁缟”是鲁地出产的一种白色生绢，以轻薄著称。即使是强弩射出的箭，到射程的最末，连轻薄的丝织品也穿不透。后人遂用“强弩之极”或“强弩之末”比喻衰微之势。

“穿”由“穿透”引申出“开凿、挖掘”义。唐人刘悚《隋唐嘉话》卷下：“昆明池者，汉孝武所穿。”昆明池始建于西汉武帝元狩三年（前120），其开挖缘由历来有“穿池习战”之说。《史记·西南夷列传》记载汉武帝曾派遣使者，寻找前往身毒国之路，因受阻于昆明国未至，武帝遂欲伐之，故开凿了类似昆明国滇池的昆明池，以备汉军练习水战之用。昆明池后变为泛舟游赏之所，鼎盛时占地达300余公顷，直到唐代开元年间，都是京城长安著名的游览胜地。唐代诗人李百药《和许侍郎游昆明池》"神池望不极，沧波接远天。仪星似河汉，落景类虞泉。"诗句正是对昆明池盛景的描绘。唐朝末年，政府无力修筑堤坝，再加上气候变化等原因，昆明池逐渐干涸。

穿云裂石、穿堂风、穿针之中的"穿"，是由"开凿、挖掘"进一步引申出的"通过（空隙、空间等）"义。其中"穿针"一词，不仅指将线穿入针孔，还特指旧时"穿针乞巧"之俗。农历七月初七夜，女子向织女星乞求智巧。月光下的女子用五色丝线比赛穿针，针的类型有五孔针、七孔针、九孔针，最先将线全部穿过者为"得巧"。

"穿衣"之"穿"又由"通过"义引申而来。我们穿衣、穿裤，手脚都得从空隙中"通过"才能穿到身上，故着衣用"穿"。京剧舞台上"穿"的服装，梨园术语叫"行头"。经过一二百年的发展，行头种类繁多、数不胜数。大致可分为长袍、短衣、铠甲、盔帽、靴鞋以及附属于服装范畴的装饰性东西共六大类，每大类下面又包含了各种不同的样式。以"长袍"为例，包括"蟒、帔、开氅、褶子"等。

先说"蟒"，即蟒袍，是帝王将相、后妃公主等身份高贵的人物在礼仪场合所穿的礼服。蟒袍的长度可以拖到脚面，圆领、大襟，袖子宽肥，袖口带水袖。蟒袍上的刺绣图案主要是龙形，皇帝穿的龙袍绣五个龙爪，其他高官贵胄的蟒袍上只能绣四个龙爪。除龙形外，蟒袍下方还有云彩、日、月、海水、浪花等装饰性图案。蟒袍五彩斑斓，给人以庄严富丽的感觉，其色彩有红、黄、绿、白、黑的"上五色"，还有紫、粉红、蓝、月白、秋香色的"下五色"。

红蟒黄帔紫开氅

引自解玺璋、张景山《京剧常识》，文汇出版社，2008年。

达官贵人、乡绅阔佬及眷属在家中所穿的便服叫“帔”，一般的平民百姓不穿。帔的样式为长领、对襟、宽袖，也带水袖。男帔长及脚面，女帔长只到膝，下面还要有衬裙。帔有黄、红、紫、蓝、绿、粉红、秋香等各种颜色，其上绣有龙、凤、仙鹤、鹿、花卉等多种图案。

武将、武士、侠客及占山为王的寨主，他们的便服叫“开氅”。武人在开氅里面穿有箭衣之类的战斗服，可随时把开氅的大襟拉开，露出里面的战斗服，也可随时脱掉开氅进行战斗。开氅的样式为和尚领、斜大襟、宽袖缀水袖，特点是左右腋窝下沿开衩处有两条质地很硬的宽边，俗称摆。因其是武人所穿，前后襟上绣有狮、虎、豹等猛兽图案，以显示威武之态。

“褶子”的用处最为广泛，是不分身份高低、男女老少都能穿的一种便服。褶子的样式为大领、斜大襟、宽袖子带水袖，因其很像道士穿的道袍，所以也叫“道袍”。

外国观众首次观看京剧，总是对台上精美细致、靓丽抢眼的戏服发出由衷的赞叹。其实，京剧服装不仅色彩绚丽，有良好的审美效果，在表现人物方面，更像是一张名片。戏服一穿起来，就展示出了角色的社会地位、身份、性格等信息。例如单从脚上一双靴鞋，就能判断出主人公是人是仙，是年轻的小姐还是上了年纪的老太太。足蹬厚底官靴，显得高大威严的，一般都是帝王将相，例如《杨门女将》中的寇准、《龙凤呈祥》中的乔玄。鞋面上缀有“云头”，寓意足踏五彩祥云、超脱凡世，此为登云履，主要供得道成仙的神话人物穿着，例如《八仙过海》中吕洞宾等八仙、《盗仙草》中的南极仙翁。穿一双前边带穗子绣花彩鞋的自然是年轻俏丽的小花旦，例如《春香闹学》中的春香、《西厢记》中的红娘。老旦要穿色彩庄重，有“福”字做饰物的福字履，例如《辕门斩子》中的佘太君、《打龙袍》中的李后。《打渔杀家》中萧恩穿鱼鳞洒鞋，鞋面上绣鱼头，后边缀有鱼尾，两侧有鱼鳞纹图案，这是为了表示他是生活在水乡、水性极好的渔夫。《闹天宫》和《闹龙宫》中的孙悟空脚上要穿以黄缎为面料、绣黑色猴毛团花图案的猴打鞋。

戏谚曰：“宁穿破，不穿错。”戏曲服装有一定的穿戴规制，戏装的色彩、图案、式样，都要与人物年龄、身份、性格、职业等方面的规定相符合。例如三国戏里的曹操、刘备，做驸马的陈世美、杨四郎，要穿红蟒；身骑赤兔马、手持青龙偃月刀的关羽，穿的是绿蟒；八贤王赵德芳一定是杏黄色的蟒袍；勇猛、鲁莽的黑脸张飞则非穿黑蟒不可。行头破点、旧点那是经济条件造成的，没有大碍，可若是行头穿错了，那就是艺术水平的问题了。

京剧舞台上的行头哪些穿法不算错呢？《群英会》中的曹操是当朝丞相，按戏里的规矩应戴相貂，穿蟒袍。曹操是东汉末年之人，相貂却是从宋代平脚幞头借鉴而来，蟒更是从明代的服装样式加工而来。从朝代来看，东汉末年的曹操不可能穿戴宋朝、明朝式样的衣物，但这在京剧的穿戴规制中却不算错。再比如皇帝的服装，无论是春秋战国的国君，如《西施》里的吴王夫差、越王勾践，还是《汉明妃》里的汉元帝、《上天台》中的汉光武帝，以至于《长生殿》里的唐明皇，甚至再往后宋元明时代的皇帝，他们所穿的服装样式，基本都是一样的。这是由于京剧服装有很强的概括性，只要能够标明帝王的身份就可以了。

除了不受朝代限制外，京剧服装也不受季节的限制，这跟生活中的穿衣原则大不一样。日常生活中，百姓的服装四季分明，冬天穿皮棉，夏天着单衣，但在京剧舞台上并没有如此限制。例如《金玉奴》里莫稽在金家门口冻得缩成一团，《朱痕记》中赵锦棠和她的婆婆在风雪交加的旷野中放羊，周遭寒冷的天气都是通过演员的动作表演展现出来的，并不要求演员所穿戏装与四时季节相对应。

京剧舞台上服装的特点、穿戴规制的内容以及形成这些穿戴规制的原因，在京剧大师梅兰芳的《中国京剧的表演艺术》一文中有明晰的概括与解答："中国的历史悠久，京剧舞台上所表现的故事至少包括有三千年以来的各个朝代，不可能每个戏都按照当时各个时代的服装原来样式来制作，因此从积累的经验中，集中选择了一种戏曲通用的服饰来作艺术的概括性的设计。这种服饰基本是以时代较近的明代服饰为基础，又参酌了唐、宋、元、清四个朝代的服制加以创造和丰富，为了适应表演的要求，不分朝代、地域和季节，只从式样、色彩、图案上来区别剧中人的性别、身份、性格和年龄。"

演员们除了要穿与角色性别、身份、地位、年龄、行当相符合的服装外，还需要注意服装反映出的政治道德方面的褒贬信息。例如方翅纱帽，一般是正直官员所戴，又称"忠纱"；尖翅纱帽多为奸诈官员所戴，故称"奸纱"。再比如《杨门女将》中寇准代表主战派，足蹬厚底靴；王辉作为主降者，脚穿朝方靴。厚底靴与朝方靴样式基本一样，区别在于厚底靴比朝方靴厚两寸，这样就形成了寇准比王辉高一截的舞台效果，凸显了正面人物的形象。

【淡“妆”浓抹总相宜】

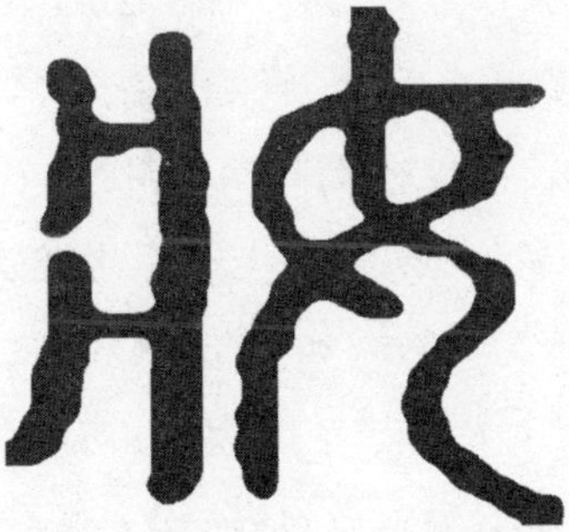

“鸡鸣外欲曙，新妇起严妆”一句，出自汉乐府民歌《孔雀东南飞》。各家注本对句中“严妆”一词，历来有多种不同的训释：“精心地梳妆打扮”“郑重地打扮起来”“整整齐齐地打扮自己”“打扮得整整齐齐”等。“严妆”一词莫衷一是的训释是如何产生的呢？问题出在“严”字之上。“严妆”是个同义复合词，“严”与“妆”同义，我们先看“妆”的含义。

《说文解字》：“妆，饰也。从女，牀省声。”可见，“妆”是个形声字，本义是妇女妆饰、打扮。“妆”字可以追溯到甲骨文时代，作。左边是一“女”字，象一位跪坐着两手交叉有所操作的女性形象；右边从“爿”，“爿”同“床”字，作为声符提示整个字的读音。现代汉语中楷书“妆”字，是经过篆化、隶变、草书楷化后的字形。

“妆”本义为妆饰、打扮，“严”与“妆”同义，“严”自然也是妆饰、打扮义。

我们平日所说“戒严、威严、严冬”之“严”，均与“妆”义毫不关涉。那么“严妆”之“严”，为何会与“妆”同义？

著名历史学家陈垣在其名著《史讳举例》中谈到一种现象：“《汉书》叙传，称庄子为严子，又称‘老严之术’。师古曰：‘老，老子；严，庄周也。盖避汉明帝讳。’”原来古人行文讲究避讳，为避东汉明帝刘庄之讳，“庄”由“严”字代替，所以庄子改称为“严子”。为何不用他字，偏要用“严”代“庄”呢？这是由于“严”与“庄”在举止言行不轻浮的意义上，具有同义关系。例如汉代《诗经》“邦风”之“邦”为避刘邦讳，改称“国风”，也是由于“邦”与“国”具有同义关系。随着避讳的扩展，“妆”与“庄”在意义上虽然没有联系，但因其同音，“妆”也要用“严”字避讳，如把“妆具”说成“严具”。时间久了，人们自然而然地就把“严”视作“妆”的同义词，所以“严妆”之“严”，不能理解为“整齐、郑重”等义，只能解释为“梳妆、妆扮”，“严妆”即梳妆打扮之义。

“妆”由动词性的妆饰、打扮，引申为名词性的“女子身上的妆饰”。如唐人李商隐《对雪》诗之二：“侵夜可能争桂魄，忍寒应欲试梅妆。”“梅妆”即“梅花妆”，相传始于南朝宋武帝的女儿寿阳公主。最初“梅花妆”是将梅花瓣贴于额头之上，由于梅花并非四季都有，人们就把很薄的金箔剪成花瓣形状，再贴于额上或面颊上，成为唐宋女子间非常流行的一种时尚妆容。

古代女子在妆饰方面精益求精、登峰造极的时期首推唐王朝，从唐人的诗歌中可以看到不少唐代妇女追求时尚妆容的身影。白居易《上阳白发人》：“小头鞋履窄衣裳，青黛点眉眉细长。外人不见见应笑，天宝末年时世妆。”乐天笔下这位“玄宗末岁初选入，入时十六今六十”的上阳宫宫女，还保留了一身玄宗年代的妆容：小头鞋、窄衣裳，再用青黛描画细长的眉毛。在白乐天看来，宫外之人倘若见到这位“时髦”的白发宫女，一定会被她身上早已落后于时代的妆容惹得发笑。恰巧白居易还有一首《时世妆》：“时世妆，

时世妆，出自城中传四方。时世流行无远近，腮不施朱面无粉。乌膏注唇唇似泥，双眉画作八字低。妍媸黑白失本态，妆成尽似含悲啼。圆鬟无鬓椎髻样，斜红不晕赭面状。”所谓“时世妆”，是指某一时期流行于妇女间的妆饰。从诗中可以看出，当时流行的两腮不施红粉，黑色嘴唇，八字眉这种由西北少数民族传入的怪异妆容，已与盛唐时“青黛点眉眉细长”的风尚大不一样了。

八字眉

引自刘建平、姚仲新《美术画典：中国古代服饰》，天津人民美术出版社，1988年。

戏曲舞台上也离不开“妆”。京剧作为一门艺术，在表现人物时不能简单地将现实中的人物直接搬上舞台，必须要将人物的形象加以提炼和升华。化妆作为京剧刻画人物的重要手段之一，不但历史悠久，且极具魅力，脱离了化妆的京剧，也就失去了它应有的风采。

京剧舞台上的化妆在表现人物的外貌及其性格特征方面，如同唱、念、做、打一样，也要采用分角色行当的类型化手法。生、旦、净、丑四大行当的妆容，分为净面和花面，两大类内部又有一些区别。

生、旦的化妆，属于“净面”，又称“素面”或“洁面”，最流行的说法叫“俊扮”，这是相对于净、丑大小“花面”而言的。俊扮的特点是不使用夸张的色彩、线条，只略施彩墨来表现人物的端正、俊秀。俊扮不太强调人物的个性，但要根据人物的年龄、身份的不同有所变化。例如对文武小生“印堂红”的不同处理：文小生的印堂红是在眉心画一道弧形红晕，武小生则是从眉心到脑门，画一下宽上窄的红色“枪尖”形。

演员化妆

引自刘月美《中国京剧衣箱》，上海辞书出版社，2002年。

净、丑的化妆叫“花面”，也称“花脸”。与俊扮的略施彩墨不同，“花面”的画法非常夸张，使用浓重、强烈的色彩和线条将演员的五官与轮廓夸张、放大。“花脸”相较于温文尔雅的俊扮人物，其性格或是暴烈、勇猛，或是特别忠贞、正直，或是极其阴险、残暴。“花脸”的妆容更多体现了人物的品质、心理、情绪等方面的特点，化妆师每一笔的勾勒都与角色的性格及其内心世界紧密联系。以“花脸”色彩的运用为例，红、黄、白、黑、绿、银、紫，不同颜色的使用表现了对人物气质性格、善恶的一种评价。这一点在《脸谱春秋》一文中有详述，可参看。

京剧演员在“化妆”外，还需要“化装”的配合。“化妆”与“化装”这组词性相同、读音相同的两个词，含义是否相同呢？

先看“化妆”一词。“妆”有个异体字“粧”。所谓异体字，是字音、字义相同，字形不同的一组字。《广韵》：“粧，粉饰也。”“粉”为何物？《说文解字》释“粉”为“所以敷面者也，从米，分声”。“从米”说明“粉”是用米做的，这种“粉”用来“敷面”。“粉饰”就是用粉对脸部进行化妆。既然“妆”与“粧”音义相同，那么妆也是指脸部化妆。所以《辞海》释“化妆”：“戏剧、电影等表演艺术的造型手段之一。根据角色的身份、年龄、性格、民族和职业特点等，利用化妆材料，塑造角色的外部（主要是面部）形象。”举个例子：

瞧，这位神话中的天仙似的美人，现在就站在我的面前。她的眼睛，她的眉毛，她的手，离我只有几十公分远。我简直不敢相信我挨得她那么近。我像是跟一件获得了生命的艺术品站在一起似的。那化妆之精细与高妙，使她的面孔仿佛上了釉彩的细瓷。她那粉红色的、并无反光的面庞，青黑的眼睛，滋润闪光的牙齿，这一切是多么奇妙！

20世纪50年代，前苏联木偶大师谢·奥布拉兹卓夫观看了梅兰芳大师演出的《洛神》，在向梅大师献花时，他近距离地看到了梅大师面部的妆容，在感叹大师面部妆容的精美时，使用的就是“化妆”一词。

再来看“化装”。“装”字本义是包裹、行囊。由于出门远行时打点的包裹行囊中，主要是衣服之类，所以“装”就与“衣、服”之类的词常常结合在一起使用，如“衣装”“服装”之类。久而久之，“装”就有了衣服、服装之义，随后又引申为全身的装饰打扮。《辞海》释“化装”：“演员修饰容貌及穿戴服饰使适合所扮演的角色。”著名京剧演员马连良先生在《古历轩谈艺录》一文中谈道：

扮戏对一个京剧演员来说，也是很重要的。因为演员一出台帘，观众首先看到的是演员的扮相。所以，过去戏曲演员讲究唱、念、做、打、扮。扮戏，或者说化装，也要根据不同的人物，采取不同的化装法。扮戏首先要干净。我提倡“三白”的，护领、水袖、靴底一定要白。同时，扮戏前要剃头、刮脸，保持干净，扮出戏来才能美观、神气。

马先生说“扮戏，或者说化装”，这句话中“化装”的范围显然除了“修饰容貌”外，还包含有“服饰”方面的装扮，所以此处应该用“化装”一词。

【“脸”谱春秋】

“蓝脸的窦尔敦盗御马，红脸的关公战长沙，黄脸的典韦，白脸的曹操，黑脸的张飞叫喳喳……紫色的天王托宝塔，绿色的魔鬼斗夜叉，金色的猴王，银色的妖怪，灰色的精灵笑哈哈……”

这首《说唱脸谱》的曲调一响起，读者朋友的脑海中一定会浮现出脸上涂满各种色彩的人物形象。如果是第一次走进剧院欣赏京剧，不管你喜不喜欢，给予你最大视觉冲击的，莫过于脸谱上那些花花绿绿的颜色了。大家可别小看这些色彩，每个舞台人物脸谱的用色都有一定的规矩，需要按照人物不同的性格和品行着色。

我们先来说一下“蓝脸的窦尔敦盗御马”。《盗御马》是一出传统京剧剧目，亦称《坐寨盗马》，讲的是绿林好汉窦尔敦与镖客黄三太在李家店比武时为黄的暗器所伤，愤而至连环套聚义。十数年后，窦尔敦听闻梁九公代康熙帝出狩，携有清帝所赐御马。窦尔敦忆及前仇，想要陷害黄三太，遂潜入御营，盗回御马，并留下黄三太之名。窦尔敦之所以是“蓝脸”，是因为蓝色是表现人物性格刚强威猛、桀骜不驯之色。

再来看“红脸的关公战长沙”。《战长沙》又名《黄忠归汉》，讲的是刘备占据荆州，命关羽攻打长沙，太守韩玄派遣老将黄忠出战、命魏延催粮。交战中，黄忠马失前蹄，关羽使其换马再战。次日会战，黄忠感念关羽不杀之恩，其箭只射中关羽盔缨。韩玄怒责黄忠通敌，要将之斩首。魏延押粮归来，怒杀韩玄，与黄忠一同归降，向关羽献上韩玄人头及长沙印信。关公之所以是“红脸”，是因为红色表示人物的忠义勇武，除了武圣关羽外，姜维、颍考叔、常遇春等也是红色脸谱。

脸谱中的黄色象征人物形象凶狠残暴，以《战宛城》中的典韦为代表。提起“白脸的曹操”，更是无人不知、无人不晓。白色用于表现人物阴险狡诈，除曹操外，白脸人物还有赵高、董卓、严嵩等，均是些专权误国、为老百姓所唾弃的大奸臣。曹操脸谱上的白色是水白粉色，另外还有一种用油白色勾画的脸谱，主要是飞扬跋扈的人物所用，例如蒋门神、马谡等。黑色脸谱多用于刚烈、正直、勇猛甚至鲁莽之人，除张飞外，典型人物莫过于铁面无私，“日断阳，夜断阴”的龙图阁大学士、开封府尹包拯。紫色表现人物刚强、稳健；绿色象征人物勇猛、暴躁。还有些特殊的颜色，例如金色、银色，一般都用于神仙、妖怪一类的角色。

有些人物的脸谱上，还勾画了具有一定象征意义的固定图案。《霸王别姬》中的西楚霸王，本是一位短命的末路英雄，脸谱上却偏偏有一“寿”字，恰恰暗示了霸王是命短无寿之人。杨七郎杨延嗣，是宋代名将杨继业第七子，七郎勇猛善战，作战时犹如猛虎出山，故以“虎”字图案勾画面门。隋炀帝杨广为历史上有名的暴君，他的脸谱上勾画五毒之一的蜘蛛图案，象征其为人残暴，心狠手辣。

蓝脸的窦尔敦 红脸的关公 白脸的曹操

引自于得祥、周大光《京剧脸谱》，外文出版社，2000年。

“脸谱”的“脸”字，大约产生于魏晋时代。魏晋之前，人们表示“脸”的概念时，多用“颜”“面”二字。

《左传 · 僖公九年》：“天威不违颜咫尺，小白余敢贪天子之命无下拜。”孔颖达释“颜”为“额”，即额头义。到了《诗经 · 郑风 · 有女同车》：“有女同车，颜如舜华。”诗文的意思是，这位和我同乘一辆车的女子，面容似木槿花一样美丽，这里“颜”的词义已由额头扩展至整个面部。

我们谴责一个人“厚颜无耻”，大家都知道是说这个人不知廉耻，但提到其同义词“颜甲”，大家就有些陌生了。“颜甲”出自五代王仁裕《开元天宝遗事 · 惭颜厚如甲》：“进士杨光远，性多矫饰，不识忌讳，游谒王公之门，干索权豪之族，未尝自足；稍有不从，便多诽谤，常遭有势挞辱，略无改悔。时人多鄙之，皆云杨光远也。”这位杨进士“惭颜厚如十重铁甲”，后人遂以“颜甲”一词形容脸皮厚如甲，可真是个形象的比喻。

“面”字的甲骨文作。李孝定在《甲骨文字集释》中准确地解释了“面”的字形构造：“契文从目，外象面部匡廓之形，盖面部五官中最足引人注意者莫过于目，故面字从之也。”到了《说文解字》时代，许慎认为“面”指的是“颜前也”，颜额前的部分，就是眉眼口鼻的部位，大体相当于现代汉语中的"脸"。例如《韩非子·观行》:"古之人目短于自见，故以镜观面。"意思是：古人因为自己的眼睛不能看见自己的容貌，所以用镜子照自己的脸。

"颜"和"面"组合构成"颜面"一词，可以指人的面容。例如刘宋王朝的将军刘胡，"本名坳胡，以其颜面坳黑似胡，故以为名"。刘胡将军因其面容坳黑似胡人，所以就用"坳胡"为名。长大后，因为"坳胡"叫起来拗口，就单呼为"胡"。正是这个"颜面坳黑"的刘胡"讨伐诸蛮，往无不捷，蛮甚畏惮之"，以至于蛮人的小孩子啼哭的时候，只要对孩子说:"刘胡来了！"小孩子立马就停止了哭泣。

"颜面"一词更多的时候指面子或脸面。《红楼梦》第三十三回载，贾政听到贾环说井里淹死了一个丫头，大为惊异，言道:"大约我近年于家务疏懒，自然执事人操克夺之权，致使生出这暴殄轻生的祸患。若外人知道，祖宗颜面何在！"这里贾政担心的是失了祖宗的脸面。岂止是祖宗的脸面不能失，自己的脸面也丢不得。俗话说打人莫打脸，脸面问题关系到一个人的尊严，这可是中国人生活中的头等大事。

"脸"字较为晚出，大概产生于南北朝。《韵会》:"脸，目下颊上也。"王力先生解释为"妇女搽胭脂的地方"，就是两颊。王凤阳先生认为"正因为'脸'是搽胭脂处，所以'脸'在面上可以有两个，分在两边"，例如晏几道《山查子》:"轻匀两脸花，淡扫双眉柳。"

"脸"的本义是"目下颊上"，其后词义不断扩大，最终在宋元时取代"面"字，一直沿用至今，成为现代汉语中的常用词。人不高兴时会"板着脸"，骂人不知羞耻时说"不要脸"，对人的态度突然变坏或者不认账叫"翻脸"，做出滑稽的表情叫"扮鬼脸儿"，不知羞耻、一味纠缠叫"死皮赖脸"。另外，还有灰头土脸、哭丧着脸、赔笑脸、涎着脸等。从这些词语中可以窥见中国人的"脸"文化，实在是斑斓多姿、异常丰富。

【以"鞭"代马】

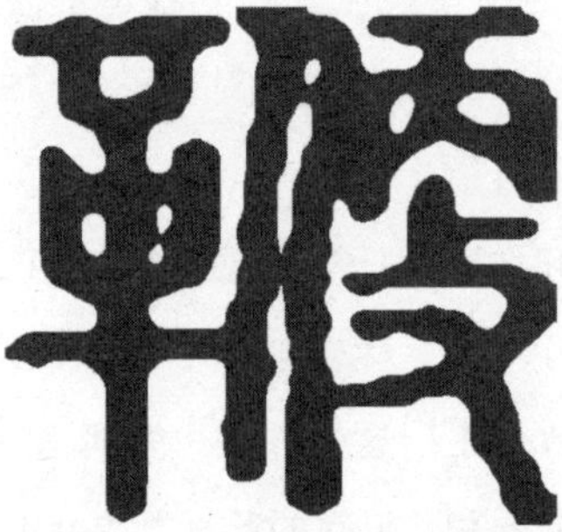

"鞭"字的金文作,象手执鞭之形。有的"鞭"字在左边又加"人"形作,表示用鞭子抽人的脊背。"鞭"字还可以用作偏旁,例如金文的"御"字作,左边是"马",右边即"鞭"字,会合到一起表示持鞭赶马。

小篆"鞭"字作,左边"革"字是形旁,右边"便"字为声旁。"革"字金文作、,象是去了毛铺展开的兽皮之形,还可依稀看出动物的头角足尾。《初学记》讲"鞭":"古者用革以扑罪人,亦以驱马,故其文从革。"意思是古时候用革击打罪人,也用革驱赶马匹,所以"鞭"字的形旁是"革"。

《说文解字》释"鞭"为"驱也",其本义是手持鞭子驱赶马匹。《左传·哀公二十七年》:"成子衣制杖戈,立于阪上,马不出者,助之鞭之。"句中"制"指雨衣,"阪上"指山坡上。成子即陈成子,因"田""陈"古音相通,也称田成子。陈成子善于收买人心,最著名的事件就是用大斗借出粮食,而以小斗收回，从而受到百姓的拥护。这句话的意思是：陈成子穿着雨衣拄着戈，站在山坡上，遇到其他将士的马不肯前进的，“助之鞭之”，此处“鞭”用其本义“持鞭驱赶马匹”。这件事发生于公元前468年晋国伐郑，陈成子带兵救援郑国的途中。陈成子的所作所为感动了众将士，晋国将领畏惧陈成子深得人心，仗还没打就撤兵而去了。

古人对有深仇大恨的人泄愤时，如若仇人业已去世也不会善罢甘休，有时会用到“鞭尸”这种极其残忍的手段。“鞭尸”的典故出自《史记》：“及吴兵入郢，伍子胥求昭王，既不得，乃掘楚平王墓，出其尸，鞭之三百，然后已。”伍子胥的父兄被楚平王冤杀，为报父兄之仇，伍子胥智过昭关，投奔吴国，成为吴王的股肱之臣。公元前506年，吴兵攻进楚国国都郢，此时楚昭王业已逃走，伍子胥掘开楚平王之墓，抽打尸体三百下才住手。太史公司马迁认为伍子胥“鞭尸三百”的事情太过分，评价道：“怨毒之于人甚矣哉！”意思是：极端的怨恨对于人来说实在是太可怕了！

民间在立春这天举行的祭典上，流行一种“鞭打春牛”的习俗，这是为了提醒牛儿春天将到，要开始耕作劳动了。牛儿辛勤耕地，是人类的朋友，农人当然不舍得真的用鞭子抽打，一般会用泥土或是纸做的牛替代。祭奠上对春牛的形制有特定的要求，例如牛身高四尺，象征四季；身长八尺，代表春分、秋分、夏至、冬至、立春、立夏、立秋、立冬八个节气。“鞭打春牛”也称“鞭牛、鞭春、打土牛”，我们俗称“立春”为“打春”，也来源于这种风俗。

成语“鞭长不及马腹”之“鞭”用的是名词义项“鞭子”，该典故出自《左传》。鲁宣公十四年（前595），楚庄王向宋国发兵。双方相持几个月，楚军仍然没有获胜。第二年春天，宋国派遣乐婴齐到晋国求援。晋景公准备发兵救援宋国，大夫伯宗曰：“不可。古人有言曰‘虽鞭之长，不及马腹’。天方授楚，未可与争。虽晋之强，能违天乎？”“虽鞭之长，不及马腹”一语，按照字面意思，很多读者将之理解为“虽然鞭子很长，但总打不到马肚子上”。试想鞭子既然能够打到马屁股上，自然也能打到马肚子上。其实，句中的“不”字应释为“禁止”，相当于“别”“不要”。西晋杜预在“虽鞭之长，不及马腹”一句下注释：“言非所击。”意思是马肚子不应该是马鞭击打的地方。大夫伯宗的意思是楚国锐气正盛、锋芒毕露，晋国国力虽然强大，但也不得与楚国相争，就像不可用鞭子击打马腹一样。成语“鞭长莫及”省自“虽鞭之长，不及马腹”一语，只是在流传过程中逐渐改变了内涵，变成了“比喻距离太远而力所不能及”之义。

东晋太元八年(383)，北方前秦政权向偏安于南方的东晋发起战争，两军战于淝水。东晋在谢安、谢玄的领导下，以八万兵力迎战前秦八十万军，取得了淝水之战的胜利。淝水一战，不仅因其以弱胜强留名于青史，也为汉语增添了不少形式精练、寓意深远的成语，例如风声鹤唳、草木皆兵、功败垂成、投鞭断流等。其中“投鞭断流”一语，是从前秦首领苻坚自负轻敌的言论“以吾之众旅，投鞭于江，足断其流”中演化而来。

鞭子不仅能驱赶马匹，鞭打牛儿，也是古代用来责打、处罚罪人的一种刑具。《历代刑法考》：“言九刑以墨一、劓二、剕三、宫四、大辟五、又流六、赎七、鞭八、扑九，故曰九刑也。”墨刑又称“黥刑”，在罪人面额上刺字后再染上墨；劓刑是割掉受刑人的鼻子；剕刑即断足之刑；宫刑亦称“腐刑”，是阉割男子生殖器，破坏妇女生殖机能(一说将妇女禁闭于宫中)的刑罚；大辟为砍头的一种死刑；流刑俗称充军，指把罪人放逐到远方；赎刑允许犯人缴纳财物抵消原定之罪；鞭刑是用来惩戒官吏的刑罚；扑刑是用木条抽打不服从教化的学生。跟“墨、劓、剕”等刑罚相比，“鞭、扑”的刑罚要轻得多，只是对犯有小的过错或工作、学习不努力者实施的惩戒性的处罚。

我国古代的蒙书除了《三字经》《百家姓》《千字文》外，成书于明代万历年间的《龙文鞭影》也是一部影响颇大的蒙学读物。《龙文鞭影》原名《蒙养故事》，编撰者萧良友，字以占，号汉冲，明朝万历年间进士，曾任国子监祭酒。国子监是元、明、清时代管理教育的最高行政机关，也是国家设立的最高学府。“祭酒”是国子监的主管官员，例如“甲骨文之父”王懿荣就曾担任过国子监祭酒一职。萧良友以大学问家的身份编撰蒙书，足见其对蒙学教育的重视。《蒙养故事》后经杨巨铮增订修补，书名更为《龙文鞭影》。“龙文”是骏马名；“鞭影”是说良马无须鞭打，见到鞭影就会奔跑驰骋，书名寓意读此书能收到“逸而功倍”之效。

京剧表演讲究程式化和虚拟化，舞台上一根马鞭就是马的象征。演员手中的马鞭用藤条短丝缨制成，丝缨分别有红、黄、白、黑、粉等颜色，不同颜色象征不同品种的马儿：红色是红鬃马，黄色表示黄骠马，白色象征白龙马，黑色代表乌骓马，粉色的就是桃红马。

《战宛城》曹操怀抱宝剑、令旗和马鞭在勒马

引自马铁汉、于文青《京剧的魅力》，江西出版集团百花洲文艺出版社，2009年。

除了象征马儿外，一根马鞭还可以在舞台上展示上马、下马、策马、勒马、系马等一系列动作。例如京剧里有个术语叫“马趟子”，也叫“趟马”，演员右手执鞭，通过挥鞭、扬鞭、撩鞭、拖鞭等不同手法的使用，再加上一系列的身段动作，就能够表现骑马人的姿势，反映骑马人的精神状态。生旦净丑各行都有自己的趟马戏，演来也各具神韵、各具风采。传统老戏《战宛城》有一折《马踏青苗》，是精彩的花脸“趟马”戏。剧中曹操宣布骑马践踏百姓青苗者要处死，但曹操坐骑被鸟惊吓，虽奋力勒马，但惊马还是踏入麦田，使曹操自犯军令。花脸演员手执一根马鞭，通过一系列形体动作，把惊马、狂奔、踏青等情节交代得清清楚楚，将曹操控制不住马的惊慌、急躁的心情展现得活灵活现。看来，小小一根马鞭，在京剧舞台上真是大有作为！

【轻罗小“扇”扑流萤】

中国的孝文化源远流长，“二十四孝”里有个“扇枕温衾”的小故事。黄香九岁时其母不幸去世，小黄香思念母亲，日渐憔悴，但其操持家务不辞辛劳，侍奉父亲更是格外孝敬。炎热的夏季，父亲睡觉前，黄香都要用扇子为父亲将枕席扇凉；寒冷的冬天，黄香总是先钻进被子，用自己的身体把被子暖热后，再让父亲休息。汉和帝赐有“江夏神童，天下无双”八字，褒奖了小黄香的孝行。

“扇枕温衾”之“扇”由“户”和“羽”两个偏旁组成。先看“户”，成语有“夜不闭户”，是说夜间睡觉不用关闭门户，形容社会安定，风气良好。“闭户”之“户”指“门”，但古代的“户”和“门”有一些区别。“户”是单扇门，所以《说文解字》说“半门曰户”，例如元王实甫《西厢记》第三本第二折：“待月西厢下，迎风户半开。”“门”是双扇，所以《玉篇·户部》说“两扉曰门”。

黄香扇枕温衾图
引自许介川书，清·王素绘《二十四孝书画》，福建美术出版社，2004年。

《左传·隐公四年》："宋公、陈侯、蔡人、卫人伐郑，围其东门，五日而还。"这个"门"是郑国都城的城门。《左传·襄公二十五年》："晏子立于崔氏之门外。"这个"门"是齐国大夫崔杼家的院门。城门、大户人家的院门一般都是双扇门。"门""户"二字的区别反映在甲骨文字形中，"门"作，"户"作，正是双扇和单扇的不同。

再看"羽"字，甲骨文作，是鸟翅膀上的长毛。《孟子·梁惠王上》："吾力足以举百钧，而不足以举一羽。""一羽"即一根羽毛。段玉裁《说文解字注》："扇，从户、羽，从羽者，如翼也。""扇"的本义是"扉也"，即门扇，门扇如同鸟翼一样能够开合，所以"扇"字从"户"，也从"羽"。

最早的扇子并不是消夏的用具，而是古代帝王、官员出行时，随行仪仗中的长柄大扇，即扇翣，又称障扇或掌扇，是障尘蔽日的用具。杜甫《秋兴》诗之一："云移雉尾开宫扇，日绕龙鳞识圣颜。"之所以"云移雉尾"，是因为"古者扇翣，皆编次雉羽或尾为之"。扇翣的使用也有一定的等级要求，王煦《小尔雅·广服》疏："天子八，诸侯六，大夫四，士二。"

扇子在悠久的历史中，根据其材料、形状的不同，形成了数以千计的不同品种，单以出产地而言，就有杭扇、蜀扇、苏扇、金陵扇等多个独具风格的品种。其中，以“杭州雅扇”著称的杭扇，与丝绸、龙井并称为“杭产三绝”。早在南宋时，杭州清河坊东的“扇子巷”，就已是当时全国的制扇中心，巷名也一直沿用至今。

杭州极负盛名的王星记扇庄，始创于清光绪元年(1875)，其创始人王星斋与妻子陈英都是制扇高手。王星记扇选材名贵、工艺精湛、造型典雅，在博览会上多次获奖。尤其是扇庄制作的黑扇，扇骨采用棕竹或毛竹，扇面采用浙江於潜县特产的纯桑皮纸，双面涂上诸暨县的柿漆，经过制骨、糊面等86道工序精制而成，不怕风吹雨淋，又能遮阳取凉，素有“一把扇子半把伞”的美誉。这种名贵的黑纸扇常常作为特产进贡朝廷，所以又有“贡扇”之称。

日常生活中，扇子除了招风纳凉外，还有其他用途。唐人封演《封氏闻见记·花烛》记载了唐代“障车、下婿、却扇”等婚俗礼仪。“障车”指在迎娶日，新娘的家人及亲友阻拦婚车，向新郎家索取财物的风俗。“下婿”是“以竹杖打婿为戏”的一种恶作剧。“却扇”之俗最早见于《世说新语》，东晋名将温峤死了妻子，他的堂姑刘氏有一个女儿，十分聪明美丽，刘氏嘱托温峤为女儿寻一个婚配对象。温峤私下里想自己娶这位女子，就对刘氏说：“好女婿不容易找到，像温峤这样的行不行？”刘氏心想乱世之中，家人离散，只求勉强活下去即可，哪儿敢指望有像温峤那样的女婿啊！几天后，温峤对刘氏说已经为她女儿找到了婚配的人家，门第、名声、官职都不比自己差，还送来一枚玉镜台作为聘礼。新郎、新娘成婚之日行过交拜礼，“女以手批纱扇”，新娘子用手拨开遮脸的纱扇，“抚掌大笑曰：‘我固疑是老奴，果如所卜’”。原来这位美貌聪慧的新娘料事如神，早就猜到了温峤打的如意算盘。

在我国悠久的历史中，扇子与文人墨客、戏曲艺术均有密切联系，发展出深厚的扇子文化。制扇工艺与书画艺术的结合，使扇子成为充满诗情画意的艺术品。书画扇起源于三国时代，唐代大画家张彦远《历代名画记》中有一个“误点成蝇”的故事，讲的是杨修为魏太祖曹操画扇，不留神把墨滴在了扇面上，顺势将墨滴画成了一只栩栩如生的苍蝇。于扇面上题字，最早的是东晋大书法家王羲之。据《晋书 · 王羲之传》记载，绍兴城蕺山街的一座石桥上，总有一位摆摊卖六角竹扇的老婆婆。王羲之见没什么人买老婆婆的扇子，顿生恻隐之心，于是提笔在每把扇子上各写了五个字。刚开始老婆婆很生气，王羲之对她说：“但言是王右军书，以求百钱邪。”老婆婆按照王羲之交代的话卖扇，没过一会儿，扇子就被行人抢购一空。今天绍兴城内蕺山街上还有一座“题扇桥”，传说就是王羲之当年为老婆婆题扇的地方。

文人雅士在扇面上题字作画，大大提升了扇子的艺术价值。到了两宋时代，扇面书画大为兴盛。《书继》记载：“政和间，徽宗每有画扇，则六宫诸邸竞皆临仿一样，或至数百本。”多才多艺的宋徽宗有《枇杷山鸟图》扇面流传，此图绘一山鸟立于枇杷树上欲啄食果实，扇面构图简洁，显示出徽宗在花鸟画方面极高的艺术水准。

戏曲舞台上的扇子是一种表演性的道具，小小一把扇子不仅可以表现人物的身份、彰显人物的性格，还对人物的神态、风度起到衬托作用。晚清画师沈蓉圃绘有《同光十三绝》，画面上同治、光绪年间13位京剧奠基人身着剧装，其中卢胜奎饰《战北原》之诸葛亮持羽扇，杨鸣玉扮演《思志诚》中的丑角闵天亮持折扇。舞台上用好扇子，是戏曲演员的基本功，行话叫“扇子功”。生旦净丑都要用到这种功夫，只是帝王将相、才子佳人、贩夫走卒身份不同、性格不一，其使用扇子的种类及表演的套路也都有所差异。

戏曲舞台上常见的扇子类型有折扇、团扇、羽扇、蒲扇、竹扇、鹅毛扇、芭蕉扇、日月掌扇等。帝后妃子出场，宫女执龙凤掌扇，用以烘托皇家的威仪；军师、谋士用鹅毛扇，三国戏中的诸葛亮羽扇纶巾、儒雅潇洒，手中一把鹅毛扇，几乎成为足智多谋的象征；大家闺秀、俊俏丫鬟执团扇，显得体态轻盈；蒲扇多为差役、轿夫等底层人物所用；《火焰山》中的铁扇公主、《八仙过海》中的汉钟离拿的是芭蕉扇。

一把扇子用得好，不但可以表达人物情绪，还能丰满人物的形象。小生手中的一把折扇尽显潇洒，花旦以扇掩其娇羞，花脸用扇尽显威武，丑角以扇平添滑稽。前辈艺人根据古人的身份地位、生活习惯以及行当特征，总结出一些使用扇子的基本规律："旦角扇子不离鬓，小生不离大衣襟，老生垂手扇胯骨，花脸张臂与扇平，文士写字爱扇袖，教书之人扇座凳，苦力之人喜扇裆，盲目之人扇眼睛。"扇子舞动起来很漂亮，但使用扇子表演时，最忌讳为了耍扇而耍扇。戏谚云"有扇似无扇，用扇不见扇"，将扇子的使用融化在角色的思想情感之中，不故弄玄虚、卖弄技巧才好。

【“票”友下海】

“票”字的各个义项中，大家最熟悉的莫过于“纸币”义，例如“钞票”“票子”，都已成为钱的代称。如今社会上流行“太看重位子，总想着票子”“房子太小，票子太少”的顺口溜，这已经是个大家不讳言“钱”的时代了。

传统文化里，士大夫自命清高，视钱为俗物，多以谈钱为耻。《世说新语·规箴》篇里记载了这样一个故事：西晋末年的重臣王衍，才华横溢，喜爱老庄学说，常常与人清谈玄学，名噪一时。其妻郭氏与惠帝的皇后贾南风为表姊妹，仗着娘家有权有势，郭氏刚愎自负，搜刮钱财，从无满足的时候。王衍这样一个容貌俊秀、风姿文雅之人，在妻子面前却束手无策。他厌恶妻子的贪婪污浊，因此口中从来不说“钱”字。偏偏郭氏想要试探他，趁王衍熟睡时，叫婢女绕着床边放满了钱，使他不能下床行走。郭氏以为这样一定能让王衍说出“钱”字。不料王衍清晨起床时，看到铺满床沿的钱阻碍他下床走路，就对婢女说：“举却阿堵物！”“阿堵”是六朝人的常用语，相当于现代汉语的“这、这个”。王衍虽然坚持不说“钱”字，喊婢女“拿掉这个东西”，但从此“阿堵物”与“孔方兄”一道成了“钱”的别称，这恐怕是王衍没有料到的。

不单“阿堵物”一词来源于王衍，成语“口中雌黄”说的也是这位。雌黄是一种矿物质，即鸡冠石，有毒性，涂上雌黄的纸张可以防虫蛀。另外，古人用黄纸书写，若是写错了就用雌黄涂抹，雌黄的颜色与黄纸基本一样，可以将之涂改得不着痕迹。王衍喜爱谈论老庄玄理，但经常前后矛盾、漏洞百出，面对别人的质疑，他也满不在乎，甚至不假思索地随口更改。《晋书·王衍传》说他“义理有所不安，随即更改，世号‘口中雌黄’”。“口中雌黄”又化为“信口雌黄”，比喻不顾事实，随口乱说或妄加评论。

今天把纸币唤作“钞票”，又是为什么呢？早在北宋时，就有了名为“交子”的纸币，元、明两代的纸币叫“宝钞”。清代建国之初，鉴于明代发行纸币造成的恶性通货膨胀，除入关之初短时间用过纸币外，清王朝很长一段时间都没有发行纸币。直到咸丰年间，因镇压太平天国运动，军费激增，无法筹措，清政府这才发行了以银两为单位的“户部官票”和以铜钱为单位的“大清宝钞”两种纸币。当时的市场流通中，由于用小额货币需使用“大清宝钞”，用银两需要使用“户部官票”，老百姓出行购物必须带两种纸币，为便于称呼，就把两种纸币简称为“钞票”。由此，“钞票”一词作为纸币的通称沿用至今。

“票”之所以能指称“纸币”，是由于“票”有一个义项为“作为凭证的纸片”，直到现代汉语中的“车票、发票、戏票”等词语中的“票”，仍然使用此义项。“票”由“作为凭证的纸片”引申发展出“票友、玩票”等词语。

戏曲界将喜好演唱但又不以此为生的非职业演员统称为“票友”。据传，清王朝入关后，面对汉人的不满情绪与持续反抗，统治者亟需宣传自己政权的合理性，组织人员编了一些唱本，派遣八旗子弟，持一种上面印有两条金龙的“龙票”，凭此到各地演唱，宣扬清政府夺的并不是明朝的天下，而是夺取了反贼李自成的权力。持“龙票”的演员所到之处，均有地方政府安排食宿及演出场所，演唱不取报酬，老百姓也是免费来听。因持有“龙票”的这些演员演出不收报酬，后来就把不取报酬的业余演员称为“票友”。

“票友”一词的来源，还有另外一种说法。相传雍正皇帝继位前，好与善歌者往来，登位后念及旧情，发“龙票”作为这些人的生活费，但禁止他们再和戏班中人相混，以示与伶人有别。后来就把这种爱好演唱而又不以此为业者，称为“票友”。

票友出身的奚啸伯饰苏武
引自奚延宏《奚啸伯》，河北教育出版社，2001年。

京剧发展史上先后出现过的票友，真是数不胜数。有一些票友在成为名票之后，又由业余演员转为职业戏曲演员，圈内叫“下海”。纵观京剧史，票友下海成为名家的也为数不少：老生“新三鼎甲”之一的孙菊仙，汪派创始人汪笑侬，名列四大须生的言菊朋、奚啸伯等都是票友出身。

大家对“下海”一词并不陌生。20世纪80年代改革开放后，神州大地曾掀起一股“下海”潮。一些政府机关、企事业单位等体制内的工作人员，放弃稳定、有保障的工作，转而在风险较大的商业系统谋求发展，这样的行为也被称为“下海”。“下海”一词有何来历呢？

20世纪二三十年代，上海的戏曲舞台上

常常上演一出《洛阳桥》的戏。故事讲的是清朝蔡姓状元遵照母亲遗愿，为家乡建一座洛阳桥。可是在建桥过程中，桥桩就是打不进去。当地老百姓传言，这是因为没有求得海龙王的谅解，所以桥桩打不下去。蔡状元贴出布告，寻找能下得海去与龙王商谈架桥事宜的人。布告贴出后，三个月都无一人应征，蔡状元只好责令衙役四处寻访。一日，衙役于一酒楼处，见门外进来一人，走到邻桌向一醉汉喊道："夏德海，这几天怎么不见你的鬼影，死到哪里去啦？"衙役把人名"夏德海"听成"下得海"，于是不分青红皂白地把醉汉架到了衙门。几天后，披红挂绿被灌得烂醉如泥的夏德海，在一阵锣鼓鞭炮声中，被稀里糊涂地推进了海里。此后，"下海"一词便指稀里糊涂地冒险去做某事，又由此义引申出放弃原有的体制内工作，转而经商这种常用义。"下海"这个戏曲界的行话，竟变成了放弃铁饭碗，一头扎进商海大潮的代名词，这恐怕是前人始料不及的。

与"票友"紧密相关的还有"票房"一词。在这个全民娱乐的社会，《〈泰囧〉票房破纪录》《〈捉妖记〉票房成奇迹》之类的大标题，再加上娱乐圈"男神""女神"，各种"票房女王""票房毒药"的封号，使得"票房"一词人人耳熟能详。何为"票房"？义华《上海票房二十年记》记载："咸同之间，皮黄乘西昆之敝，为歌台主宰，一时风行，四海景从。达官贵人、豪商巨贾嗜痂者，大有人在，于是召集同好，互相研讨，是曰：票房。"可见，"票房"最初指的是票友集会、研讨、演练的场所。后来戏院、火车站、轮船码头等处的售票处也称为"票房"，因"票房"售票，人们逐渐就将一部电影或戏剧等因卖票获得的经济效益称为"票房"，随即又产生"票房经济""票房价值"等说法。

【友情“客”串】

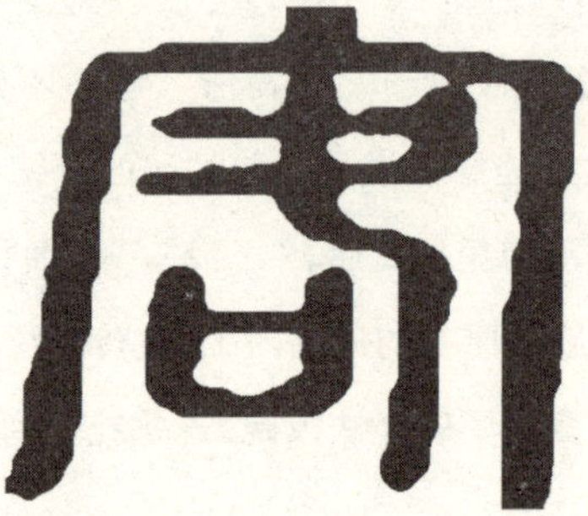

“客”字起源较晚，甲骨文里未见此字。金文作，外面的为“宀”(mián)字，是房子的形象，为屋顶，两边是墙。从“宀”的字形，都跟房子相关，例如“宅、家、宿、宾”等。“宀”下的是“各”字，甲骨文作，上面的是一只脚的形象，下面的是坎穴的象征。上古人不会建造房子，采用穴居。“各”的字形就是一只脚“”向坎穴“”走来，表示“到来”义。“各”加“宀”会合而成“客”字，用从外走至房中之人表示“宾客”之义。

《世说新语·赏誉》第57则记载了丞相王导邀请祖约晚上到自己府上叙谈。祖约是“闻鸡起舞”的主人公祖逖之弟，也是著名的“祖财阮屐”的主人公之一。王丞相与祖约聊天，一直聊到天亮都没有睡。第二天一早，有客人前来拜访，王丞相的鬓发还没有梳理，也感到稍稍有些疲倦。“客曰：‘公昨如是，似失眠。’公曰：‘昨与士少语，遂使人忘疲。’”客人说：“您昨晚如此疲倦，似乎是失眠了。”王丞相回答:“昨天晚上我和士少叙谈,就令人忘了疲倦了。”看来,王丞相作为东晋开国重臣之一,不仅是位杰出的政治家,还对清谈有着浓厚的兴致。故事中的“客”与主人相对而言,用的是客的本义“宾客”“客人”。我们常说贵客、不速之客、会客等,也都是用的这个义项。

客人分很多种,常说的有稀客、常客、熟客、生客。还有一种寄食于贵族豪门,为主人谋划、奔走的门客,也称“食客”。战国四公子之一的信陵君魏无忌,因礼贤下士,方圆几千里之士都“争往归之”,以致“诸侯以公子贤,多客,不敢加兵谋魏十余年”。

从别处来的,前面常冠以“客”字。例如外地寄寓本地的居民称“客民”,由外地迁来的住户称“客户”,埋葬异乡人的坟墓称“客冢”,从外地调来的军队称“客军”。汉族的一个支系——客家人,名称也是这么得来的。客家人简称“客家”,先祖原居住于中原一带,因躲避西晋末年永嘉之乱,被迫开始南迁。唐末黄巢起义,南宋末年金元南侵等战乱的爆发,迫使客家先民迁居南方后,不得不再度南迁。客家人的迁徙史上,大的迁移总计五次。历经多次辗转迁徙后,客家人定居地以粤东梅县、兴宁、大埔、五华、惠阳等地最为集中,还有一些分布在广西、四川、湖南、海南岛、台湾等地区以及世界五大洲其他国家,人口总数1亿左右。为了与当地土著居民相区分,这些从外地迁移而来的居民被称为“客家人”。

《说文解字》释“客”为“寄也”,王筠《说文句读》进一步解释:“偶寄于是,非久居也。”可见,“客”还有寄居、旅居义,例如白居易《雨夜有念》:“吾兄寄宿州,吾弟客东川。”

旅居在外地或外国做官者,也称为“客”。秦国请其他诸侯国的人来秦国做官,其位为卿,而以客礼待之,故称为“客卿”。其后,“客”亦泛指在本国做官的外国人,例如李斯《谏逐客书》:“臣闻吏议逐客,窃以为过矣。”“逐客”

逐的就是在秦国做官的外国人。

生活中，很多人会混淆“作客”和“做客”两个词。其实，二者用法不同，有很大区别。先看《现代汉语词典》（第六版）对这两个词的解释：

做客：访问别人，自己当客人：到亲戚家～

作客：〈书〉指寄居在别处：～他乡

可以看出，两个词的意义和用法区别在于，“做客”是前往他处拜访、探望别人，例如去亲戚朋友家聚会、串门，可以说“到姨妈家做客”。“做客”一般用于接受别人的要求，或者主动探访别人，侧重思想、感情方面的交流与沟通，强调的是临时性的。“作客”之“客”，往往是出于工作、学习的需求，强调的是寄居在别处，是长期性的，例如杜甫的“万里悲秋常作客”，就是杜甫离别故土，客居夔州时所作的名句。

打开报纸、网络的娱乐版，常常可以看到《范冰冰神秘客串〈泰囧〉》《汤唯姚晨客串〈捉妖记〉》等吸引眼球的标题。大明星友情出演某剧，用的“客串”一词，原是戏曲界的行话，指非职业戏曲演员参加戏曲演出，这里的“串”义为“表演”。例如“鸳鸯蝴蝶派”作家张恨水先生是一名京剧爱好者，有一次北平的新闻界为赈灾举行义演，张恨水在压轴戏《女起解》中客串了善良而又风趣的崇公道，这也是张恨水笔名之一——崇公道的得名缘由。

戏曲圈还有一个术语叫“反串”，很多人搞不清“反串”与“客串”的区别，甚至将二者搞混淆。中央电视台戏曲频道空中剧院栏目每年的《封箱戏 · 戏迷家庭》深受戏迷喜爱。“封箱戏”要从旧时京剧戏班的风俗说起，每年农历十二月中旬以后，戏班例行封箱典礼，意味着忙碌一年后，戏班要年终休息了。所谓“封箱”，就是将各种演出用具整理归箱，再贴上“封箱大吉”

的封条，一直到来年“开台”前都不再开箱。封箱前戏班演的最后一场戏称为“封箱戏”，演员们各演拿手戏一折，最后一出则是观众最为期待的“反串”合演。

《封箱戏 · 戏迷家庭》延续了旧时戏班的风俗，其节目的亮点就是“京剧名家大反串”。有一期节目，凌珂、冯冠博、杜喆、傅希如和杨少彭五位优秀的老生演员，摇身一变为俊美、华贵的旦角，为观众展现了梅、尚、程、荀、张五位大师的艺术风貌。这就是“反串”了，演员放着自己所学和所担任的本行当的戏不演，饰演自己本行当以外的角色。这期节目中还有名丑朱世慧反串麒派老生，花脸安平反串老旦，老旦李宏反串花脸，小生宋小川、包飞二人反串青衣，都赢得了观众的阵阵掌声。大家见惯了某位演员在舞台上的应工戏，封箱戏中改唱其他行当，观众们看着新鲜，戏票卖得异常走俏也就不足为奇了。

老生孟小冬反串《游龙戏凤》李凤姐

引自苏琼《图说中国戏剧艺术》，江苏人民出版社，2009年。

【“跑”龙套】

“跑”在现代社会是个受人钟爱、颇为走红的高频词。跑步、跑升学、跑销售、跑工资、跑职称、跑工作、跑关系，从日常生活到工作、学习，“跑”的身影无处不在。

不单是当今社会有人热衷于“跑”，早在20世纪30年代，著名作家张天翼先生运用讽刺、夸张的手法，塑造了一个装腔作势、自命不凡的华威先生，辛辣地讽刺了那些整天忙着“跑会议”，堪称“开会迷”的官僚政客，今天读来仍旧令人感慨。本来是合情合理的事情，一加“跑”字就变得意味深长。仿佛不合规矩、不合政策的事情，只要“跑”功厉害，学历、工资、职称全都不在话下，一样都能“跑”得到。希望我们社会上的“跑风”渐止，早日消除“跑”这一不良的社会现象。

“跑”是形声字，从足，包声。声旁“包”提示“跑”的读音，形旁“足”表示"跑"的意义跟"足"有关。"足"的含义有狭义和广义之分。狭义的"足"指胫下接触地面的部分，就是现代汉语里说的"脚"。文言文里，"足"还有一个义项是人的小腿。司马迁《报任安书》："孙子膑脚，兵法修列。""膑脚"指剔去膝盖骨，使小腿无法活动。至于"脚"字在何时替代了狭义的"足"，还是个有争议的问题，在此就不做讨论了。广义的"足"是下肢的总称，杨树达《积微居小学述林》："股、胫、蹠、跟全部为足，足从口者，象股胫周围之形。"甲骨文"足"作、，正是整个下肢的形象，字形不仅有脚趾、脚掌，还包括了腿的部分。凡以"足"为形旁的字，都与运动或者运动器官有关。例如"跨"从足、夸声，越过义；"跣"从足、先声，赤脚义。

"跑"是个多音字，除了在跑步、跑职称里读上声（pǎo）外，还有另外一个阳平（páo）的读音。位于杭州西湖西南大慈山白鹤峰下，有"天下第三泉"之称的"虎跑泉"之"跑"就读阳平。

"虎跑泉"之"跑"为何读阳平？这一泉水又因何得名？根据字面意思，有人认为是老虎跑了一圈，泉水就出来了，所以命名为"虎跑泉"。其实，"虎跑泉"得名于老虎跑（páo）地出泉，"跑"在此是走兽用脚刨地的含义。

相传，唐元和十四年（819），有位名叫性空的高僧游历至白鹤峰下，因钟爱此处的秀丽山川便住了下来。不久，性空发现附近没有水源，准备再迁移他处。一天晚上，性空梦到有位神人告诉他："南岳衡山有童子泉，当遣二虎移来。"第二天，他果然看到两只老虎刨地作穴，清泉随即涌出，故将此处泉水命名为"虎跑泉"。虎跑泉水质甘洌醇厚，与龙井茶叶并称为"西湖双绝"。《四时幽赏录》记载："西湖名泉，以虎跑为最。两山之茶，以龙井为佳。"

不单杭州有"虎跑泉"，江西省九江市南庐山东林寺后也有一个"虎跑泉"。山东沂源县城西南30公里的狗泉村，村边有一眼泉水名曰"狗跑泉"，济南柳埠镇还有个“鹿跑泉”。这些泉水名称中的“跑”都读为páo，泉水得名无一例外，都来自动物刨地出泉的传说。

“跑”表示兽足刨地，是早在汉代就产生的义项。“跑”表示“奔”“疾走”的义项，却是到元代才产生的。那么元代以前表示“奔”“疾走”时要用哪个词呢？《韩非子·五蠹》:“兔走触株，折颈而死。”句中的“走”不是“走路”义，如果兔子只是走路，大概是不会撞到树桩子上折断脖子的，这里的“走”表示“奔”“疾走”，等同于现代汉语里的“跑”。再比如唐代诗人孟郊《登科后》一诗:“昔日龌龊不足夸，今朝放荡思无涯。春风得意马蹄疾，一日看尽长安花。”成语“走马观花”源出此诗，其中“走”也是“跑”义，所以“走马观花”又说“跑马观花”。这个成语本来是个褒义词，形容得意、愉快的心情，后来却演变成一个略带贬义的成语，形容只是粗略地观察、了解事物。

现代汉语里有个贬义词“走狗”，比喻受人豢养而帮助作恶之人。哪个人要是沾上了这个词，一定是遭人唾骂的小人了。“走狗”最初指猎犬，就是跑得快的狗，并非贬义词。《晏子春秋》记载:“景公走狗死，公令外共之棺，内给之祭。”齐景公想要给自己死掉的猎犬置棺祭祀，大臣晏子反对这一做法，一番劝谏后，景公只好让厨房大厨，把猎犬做成美味，跟朝臣一起享用了。后来，“走狗”又比喻为人出力者，如天下已定，功臣遭戮时说“狡兔死，走狗烹”。

既然古代的“走”是“跑”的意思，那么古代如何表示用脚“走路”“行走”的概念呢？甲骨文里有个字形作，金文里写成，是走路前进时，两只脚一前一后的形象，这就是表示“行走”义的“步”字。例如“步入会场”“亦步亦趋”之“步”，用的都是“行走”义。“步”作为名词，在古代指两脚各迈动一次的距离。现代汉语里说的“一步”，在古代是“半步”，又叫“跬”，两“跬”为一步。我们常说“不积跬步，无以至千里”，比喻做事情要从基础做起，一

步一个脚印，脚踏实地才能最终实现目标。

戏曲界有句行话叫“跑龙套”。“龙套”一般扮演的都是随从、兵卒、助阵、串场的小角色。沈从文先生在解放后写过一篇文章《跑龙套》：“跑龙套在戏台上像是个无固定任务角色，姓名通常不上海报，虽然每一出戏文中大将或寨主出场，他都得前台露面打几个转，而且要严肃认真，不言不笑，凡事照规矩行动，随后才必恭必敬的分站两旁……跑龙套另外还得有一份本事，即永远是配角的配角，却各样都得懂，一切看前台需要，可以备数补缺，才不至于使得本戏提调临时手脚忙乱。”可见，龙套演的虽然都是些小角色，可起的作用一点儿都不小。舞台上的环境变化、气氛的烘托，都少不了“龙套”的参与。例如《白蛇传》里《水漫金山》一场，满台子的虾兵蟹将，打得天昏地暗，除了白素贞和小青，几乎全是龙套演员。戏里面的主帅升帐或是官员升堂，龙套演员要大声喊“啊！噢——”等，以显示公堂上的森严气氛。缺了龙套演员的舞台，无论是剧情发展的流畅性，还是演出的效果都要大打折扣。

“龙套”的得名，跟演员身上的戏装有关。龙套演员穿的是绣有龙图案的服装，同色四件为一套，故称龙套。龙套衣有红、紫、白、蓝等多种颜色，穿哪种颜色的龙套衣就叫什么龙套，如四红龙套、四白龙套。龙套演员不仅相互之间穿戴要相同，还要跟戏曲主角儿的服色一致。例如《辕门斩子》中杨延昭升帐，穿白色蟒袍，就要配四白龙套。

“龙套”前为何要加一“跑”字？这是由于龙套演员总是要跟着主角跑上跑下，跑前跑后，还要根据不同剧情的需要，“跑”出各种不同的排场以及队形变化。龙套的“跑”大有学问，单单跑出的队形就有“推磨斜胡同”“太极图”“龙摆尾”“钻烟筒”“倒脱靴”“十字花”“一条边”等多种形式。其中龙套演员站的位置、跑的速度和方向，都有一定的规矩，不可乱来。例如两军交

《将相和》剧照后面站的是龙套
引自易边《国粹——中国京剧》,外文出版社,2005年。

战,两堂龙套各代表一方,从上下场门同时上场,同时冲到舞台中央,再分开站列成八字,这叫"二龙出水",亦称"两边冲上"。

戏曲舞台上不管多红的"角儿",都要从"跑龙套"做起,没有龙套岁月打下的基础,再有天赋的人恐怕也难有成"角儿"的那天。龙套演员平日间挨的最多的一句骂是:"连个龙套都跑不好,你还想当角儿啊?""角儿"人人都想当,可不是人人都能当,不少演员终其一生都是"姓名通常不上海报"的龙套演员。这也像大多数人的人生,终其一生都是"龙套岁月"。"龙套"虽小,演好就好。

〖名“角”儿〗

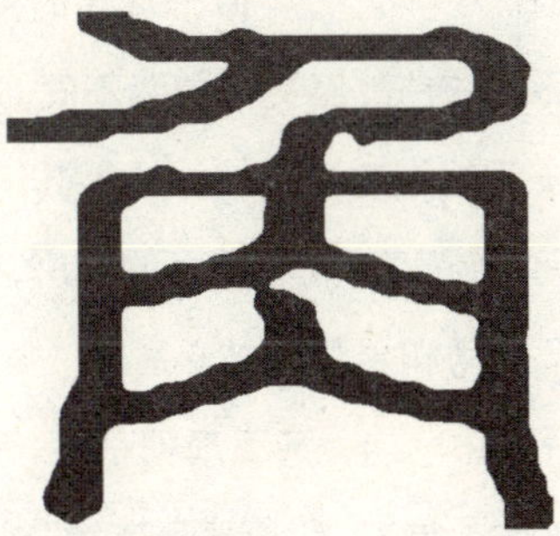

“角”是个典型的象形字，甲骨文作，金文作，均象兽角之形，中间的曲折线条，是兽角上的纹理。

“角”的本义是有蹄类动物头顶或鼻前所生的骨状凸起物，末端较尖，有防御、攻击等功能。我们常说的牛角、羊角、犄角、凤毛麟角等词语，都是用的这个义项。严羽《沧浪诗话·诗辩》：“诗者，吟咏情性也。盛唐诸人，唯在兴趣，羚羊挂角，无迹可求。故其妙处，透彻玲珑，不可凑泊。”严羽用“羚羊挂角”评价盛唐诗人之作，此处之“角”也是用的本义。传说羚羊夜宿时，将角悬挂在树上，脚不着地，猎狗无迹可寻。所以后人常用“羚羊挂角，无迹可求”比喻诗作意境超脱，不着形迹。

“角”是动物保护自己、攻击敌人的武器。我们看《动物世界》，但凡有角的动物，无论牛、羊还是鹿，打架时都爱以角相抵，因此“角”引申出“较量、竞争、格斗"等义项。例如《礼记·月令》:"(孟冬之月)天子乃命将帅讲武,习射御,角力。""角力"义为徒手相搏,比赛武艺。

"角力"后来发展成为我国古代的一项体育活动"角抵"。《旧唐书·穆宗纪》:"丁亥,幸左神策军观角抵及杂戏,日仄而罢。"意思是:丁亥日,皇帝(唐穆宗)前去左神策军观看摔跤和各种游艺,到天黑时才作罢。"角抵"起源于战国,晋以后亦称"相扑""争交",类似于现代的摔跤。学者郑春颖认为:"'角力'与'角抵'同为徒手肉搏,但文化内涵不同。'角力'是强身健体的锻炼方法,是注重力量和技巧的训练项目……'角抵'则是具有娱乐性质的对抗性比赛,人们通过选手体能强弱、技巧高下的对决,来达到视觉上的愉悦。"

到了汉代,各种体育活动和乐舞杂技总称为"角抵戏",亦称"角觝戏"。《后汉书·东夷传》:"顺帝永和元年,其王来朝京师,帝作黄门鼓吹、角抵戏以遣之。"这种"角抵戏"包括了角力、扛鼎等杂技、幻术,以及装扮人物、动物的乐舞表演等,是戏曲的早期表现形式。

我们翻开《说文解字》的"角"部,发现很多从"角"之字,例如觥(gōng)、觯(zhì)、觞(shāng)、觚(gū)等,都是古代酒器之名。清朱骏声《说文通训定声·角部》:"疑古酒器之始,以角为之,故觚、觯、觞、觥等字多从角。"古人发现被切割下来的兽角内部中空,外表坚硬,正好可以拿来做饮酒的器皿,所以古代酒器之名多从"角"。这些酒器之间有无区别呢?

"觥"最初是用兕牛角制成的酒器,后多用铜、玉、木、陶制作。青铜器中的觥发展到后来,器形逐渐变成腹部椭圆,有流及把手,底有圈足,器盖做成兽头形,也有整器作兽形的,精美无比。《诗·周南·卷耳》:"我姑酌彼兕觥,维以不永伤。"句中的"兕觥",就是用犀牛角制成的大型酒杯。

"觯"这种酒器形状很多,有扁体、圆体,其形体前后变化很大。最为普遍的是圆腹侈口,圈足有盖形。《礼记·礼器》:"宗庙之祭,尊者举觯,卑者举

兽面纹觯

引自上海博物馆《中国青铜器展览图录》，五洲传播出版社，2004年。

角。”郑玄注：“凡觞，一升曰爵，二升曰觚，三升曰觯，四升曰角，五升曰散。”之所以尊者用“觯”，卑者用“角”，是因为酒器的尊卑与其容量成反比：“爵”的容量最小却最为尊贵，“散”的容量最大而最卑贱，“觯”的容量小过“角”，自然比其尊贵。

《说文·角部》：“觞，觯实曰觞，虚曰觯。”可见“觞”就是“觯”，区别在于盛满酒的叫“觞”，不盛酒的叫“觯”。向人敬酒也称“觞”，例如《左传·襄公二十三年》：“（胥午）许诺，伏之而觞曲沃人。”意思是：胥午答应后，将（栾盈）藏起来，就向曲沃人举杯劝酒。

《韵会》：“觞，酒卮总名。”“觞”也是各种盛酒器的通称，例如王羲之千古名篇《兰亭集序》：“又有清流激湍，映带左右，引以为流觞曲水，列坐其次。”“流觞曲水”又称“曲水流觞”，这一活动起源于夏历三月“上巳”日，是一种在河边举行“祓禊”的民俗。“上巳”是夏历三月中的第一个巳日，曹魏

兽面纹觚

引自上海博物馆《中国青铜器展览图录》，五洲传播出版社，2004年。

后固定为夏历三月初三。“祓”，读为fú，是为去除秽恶不祥的一种祭礼；“禊”读为xì，义为洗涤。“祓禊”即临水洗涤，祓除不祥的一种祭祀，因其在水边举行，逐渐演变成带有娱乐性的临水饮宴。达官贵人或文人骚客坐于曲水两旁，在上流放置酒杯，让其随波漂流而下，酒杯在谁的面前打转或停了下来，谁就要赋诗饮酒，这就是所谓的“曲水流觞”。

“觚”是一种高圈足、细腰、喇叭形的饮酒器。青铜制成的觚盛行于商代和西周初期，陶制的多为随葬器物。《论语·雍也》：“觚不觚，觚哉？觚哉？”意思是：觚不像觚，这还是觚吗？这还是觚吗？觚作为一种礼器，有一定的规制，如果失去了规制，觚也就不成为觚了。孔子以觚为喻，表达了对当时“君不君，臣不臣，父不父，子不子”等现象的不满。

前文所讲“角”，读为jiǎo，角另有一音，读为jué。一名优秀的戏曲演员，能够有一定的影响力，成为戏班的台柱子，挂牌叫座，在行话里就被称为“角

(jué)儿”，亦称“名角儿”“好角儿”。京剧中“角儿”的出现，大约可从“满城争说叫天儿”的“伶界大王”谭鑫培（艺名“小叫天”）算起。此后，京剧史上涌现出一批灿若星辰的名“角儿”：余叔岩、马连良、杨小楼、梅兰芳、程砚秋、金少山、萧长华等。这些名“角儿”的出现跟流派的产生相辅相成，极大地促进了京剧表演艺术的繁荣发展。

戏曲界围绕着“角儿”一词，还产生了一些其他的行话。解放前上海的京剧舞台上演过一出素以“拴角儿”著称的大戏《龙凤呈祥》。看看那天的演出阵容：梅兰芳的孙尚香，马连良的乔玄，周信芳的鲁肃，姜妙香的周瑜，盖叫天的赵云，袁世海前孙权、后张飞，真是名角儿荟萃，阵容豪华。像这样把多位著名演员集合在一起同台演出，就叫“拴角儿”。

再说“傍角儿”一词。但凡“角儿”登台演出，一般都要自带配角、琴师、鼓师和后台服务人员。解放前的梨园界，只有“角儿”才有票房号召力，戏班其他人都要依傍名角儿生活，这种现象称“傍角儿”，也叫“抓龙尾巴”。“傍”有依附和依托之义，前些年有个流行语“傍大款”，《现代汉语词典》解释为：女性投靠有钱的男性（多指做其情人），也泛指投靠有钱人。不同于“傍大款”暗含的贬义，“角儿”与“傍角儿”的，二者之间的关系既微妙又复杂。

章诒和先生写过四大须生之一的马连良力邀琴师杨宝忠加入他的戏班“扶风社”的文章，其中提到对这位著名的琴师，马连良极为看重，不仅酬劳高，还处处以礼相待，舞台上设立了琴师专座，广告、报纸和戏单上加有“特请杨宝忠操琴”的旁注。不过杨宝忠的胡琴拉得实在太好了，常常是胡琴花腔迭出，观众的掌声热烈而长久，以致造成喧宾夺主之势。最终，马连良改用了另外一位琴师李慕良。这也应了在梨园界有“通天教主”之称的王瑶卿的那句话：“胡琴再好，也是傍角儿，俯仰由人，自己不能做主。”

台柱子演员为何称“角儿”呢？这跟饮食又联系在了一起。饺子是北方人喜爱的美食，尤其是逢年过节时必吃的食品。在宋代，这种面食有尖尖的两角，被称作“角子”。宋人孟元老《东京梦华录》记载了当时有“水晶角儿”“煎角儿”等食品。据完恩全先生考证，“角儿”称呼的得来就与“角子”有关：“他们出类拔萃的演唱如同醉人的美食，其味无穷；各种流派和各种行当的‘角儿’如同诸色的‘饺子’，各有特色，耐人寻味。”人民群众用自己喜爱的美食称呼台柱子演员，“角儿”就成了这些演员既形象又亲昵的一种别称了。

【“看”大戏】

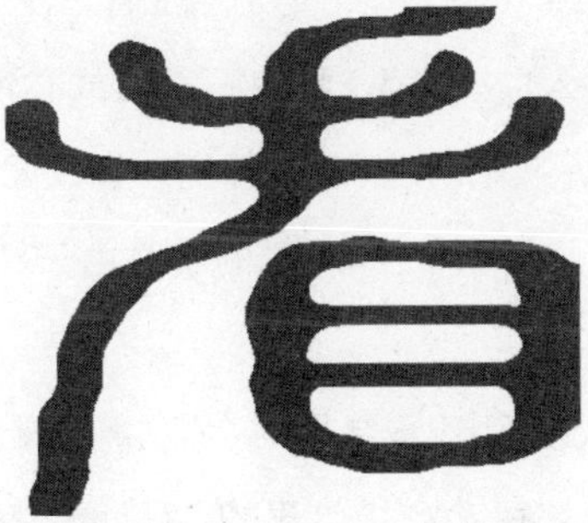

生活里人们看向远方时，习惯性地将一只手放在额头上遮挡阳光。小篆“看”字作，由“手”和“目”组成，正是来源于手搭凉棚看向远方的姿势。

现代汉语“看”的基本义是“使视线接触人或物”，例如看书、看报、看电视。先秦两汉表示“用眼睛看”这一行为时不用“看”，而用“视”字。《世说新语·言语》第31则记载西晋政权灭亡后，大批士族纷纷南渡，拥立晋元帝建立东晋政权。南渡避难的诸位人士，每逢风和日丽的好天气，总是相邀在新亭聚会。一次大家坐在草地上饮酒会餐，武城侯周凯叹息道：“这里的风景跟洛阳没什么不同，只是山河国土起了变化！”大家听了周凯的话，“皆相视流泪”。此处“视”就是“看”义。后人多用“新亭泪”“新亭泣”“新亭对泣”比喻怀念故国或忧国伤时的悲愤心情，例如宋人杜旟有词曰：“斜日荒烟，神州何在，欲堕新亭泪。”

除了“视”外，还有“见”字，二者都表示“看”，但仔细分辨，却有不小的区别。“视”只是强调主观地去看，至于看的结果则无所谓，可以看见，也可以看不见。“见”字甲骨文作、，描画一个人形或站立或跪坐，突出了其视觉器官，意思是事物反映于人的眼睛，被人见到。“见”强调的是结果“看到”，而不管主观上是有意去看，还是无意去看。我们说“视而不见”，就是尽管睁着眼睛看，却什么也没看见，形容不重视或心不在焉。与此对应的成语还有“听而不闻”，“听”仅指用耳朵去捕捉声音，“闻”不只是“听”，必须是耳朵感知到了声音才行。“听而不闻”说的就是由于注意力不集中，听是听了，却没有听到什么内容。

“看”字比“视”字晚出，最早用到“看”字的文献是《韩非子·外储说左下》：“梁车为邺令，其姊往看之。”这里的“看”是“探视”义。中古以后，“看”字用例增多，逐渐取代了“视”，表示“使视线接触人或物”。例如《世说新语·规箴》：“殷觊病困，看人政见半面。”句意是：殷凯病重，看人时只能看到半边脸。

人们“看”了事物，会做出相应的评价、判断，“看”由此引申出“观察、估量”的义项。北魏吏部尚书崔亮还是布衣之身时，恰逢陇西人李冲在朝廷执掌大权，崔亮的族兄崔光投靠了李氏后对崔亮说：“你怎么能长久地与笔墨纸砚打交道，而不去依附李冲呢？他家里有很多书，借此机会可以阅读学习。”崔亮曰：“弟妹饥寒，岂可独饱？自可观书于市，安能看人眉睫乎！”这里的“看人眉睫”犹言观察别人的脸色，形容做事不能自主。还有我们常说的“看风使舵”“看人下菜碟儿”，其中的“看”字，使用的都是“观察、估量”的义项。

对一事物“观察”“估量”后，会产生如何看待这一事物的问题，因此

“看”又引申出用某种态度“对待、看待”的义项，例如“另眼相看”“刮目相看”。苏轼有诗曰：“吏民莫作长官看，我是识字耕田夫。”意思是说不要把他当成长官看待，他自己不过是个“识字耕田夫”而已。

“看”字还有个常用义项“观赏”。刘禹锡有诗曰：“紫陌红尘拂面来，无人不道看花回。”“紫陌”指帝都的道路，帝都叫“紫都”，皇帝的居所是“紫禁城”，皇帝下的诏书叫“紫诰”。为什么跟皇帝沾边的事物爱用“紫”呢？这是由于天空中有紫微垣、太微垣、天市垣三垣，紫微垣位于中央，太微垣、天市垣陪设于旁。居于中央的紫微垣，自然成为古人心目中天宫的所在。天人对应，人间皇帝的居处便以紫微星垣做比，称为“紫宫”或“紫禁”，所以跟皇帝相关的事物爱用“紫”字。“红尘”是闹市中飞扬的尘土，描绘出帝都大道上人马喧闹、川流不息的景象。下半句中“看花”之“看”即“观赏”义，“无人不道”四字衬托出归途中人们的愉悦欣喜之态。既然“无人不道”，那么大家前去观赏的桃花，其繁盛美好就不言而喻了。

除了“看花”，风雅之人还喜欢“看竹”。东晋王子猷有一次去外地，听说当地一位士大夫家有个很好的竹园。竹园主人料想王子猷会来竹园赏玩，就事先洒扫庭院，在正厅里坐着等他。岂料王子猷坐着轿子径直去了竹林，主人感到很失望，但还是希望他返回时能通报见面，没想到王子猷又要径直而去。这时主人已不能忍受，便命令左右把大门关上，不让王子猷出去。王子猷反而因此赏识这个竹园的主人，就留步坐下，尽兴欢聚了一番才离开。后来“看竹”一词，用来形容名士不拘于礼法。

中学语文课本里有篇文章《社戏》，选自鲁迅先生的小说集《呐喊》。不同于其他文章中剑拔弩张式的论战，鲁迅先生在《社戏》中用温情的笔触，描写了一段幼年时回外祖母家看大戏的往事。每次读到这篇文章，仿佛自己就变成了文中结伴看戏的小伙伴，大家月夜行船、船头看戏、午夜归航，一起沉

民间演戏图

引自易边《国粹——中国京剧》，外文出版社，2005年。

浸在那些情景交融、充满水乡特色的画面中。到了文章的结尾："真的，一直到现在，我实在再没有吃到那夜似的好豆，也不再看到那夜似的好戏了。"心情也会随之莫名地沉浸在无限的怅惘之中。

不仅是小孩子喜欢看戏，喜欢看戏的大人、名人也着实不少。清朝末年，从慈禧太后到王公大臣，几乎全都酷爱京戏，太后老佛爷更是到了"日必观戏"的痴迷程度。老佛爷看戏有些个不同寻常的规矩，例如最忌讳提"羊"字，不仅《苏武牧羊》《龙女牧羊》这些带"羊"字的剧目不准演，甚至戏词里出现"羊"字，都得统统改掉。当时《玉堂春》的原词是："苏三此去好有一比，好比那羊入虎口有去无还。"为了避开"羊"字，只好改为："好比那鱼儿落网有去无还。"慈禧如此忌讳"羊"字，乃是因为她出生于乙未年，生肖属羊，等到她将皇权集于一身，成为尊贵的老佛爷后，“羊”字就成了宫中的禁字，就连御膳房做菜用到羊肉，也得改口叫“福肉”或者“寿肉”。

在老佛爷看戏的年代，观众一般习惯讲“听戏”一词，上点年纪的京剧爱好者，到现在也有不少人保留了这种说法。京剧发展初期，以唱为主，演员只要有好嗓子，唱腔动人，就可以赢得观众，至于做功、武功，都在其次了。从“听戏”到“看戏”的转变，据学者徐城北的研究，是由“四大名旦”之一的梅兰芳先生完成的。由于梅兰芳先生从舞台灯光、角色化妆到服装道具，都做了大量的革新，舞台上呈现出的美，就不仅仅是让人听了，还要吸引人的眼睛去看，去欣赏无处不在的美，从而最终“确立了看戏取代以往听戏的审美习俗”。

【锁麟“囊”】

近年来，中国人逐渐成为世界奢侈品消费的主力军，网上关于国人在境外疯抢奢侈品的新闻层出不穷，动辄上万块甚至几万、几十万块的包，国人买得乐此不疲。其实，我们老祖宗几千年前已经发明“包”了，甲骨文里有个字形作，像是两头用绳扎紧、中间装满实物的口袋，这大概是我们能够见到的最早的、老祖宗们使用过的自制“包”了。只是在甲骨文里并非“囊袋”的意思，而是被假借为方位名词“东西南北”的“东”，例如甲骨卜辞：“八日庚戌有各云自东。”(《甲骨文合集》第10405片) 意思是：占卜以后的第八天庚戌日，从东方涌来一片乌云。

“囊”在《说文解字》里被释为“橐也”，《说文解字》又释“橐”为“囊也”。“橐、囊”二字互训，橐也好，囊也好，都是指储藏器物的口袋。二者有无区分？《诗 · 大雅 · 公刘》：“乃裹糇粮，于橐于囊。”毛传：“小曰橐，大曰囊。”朱骏声《说文通训定声》:“小而有底曰橐,大而无底曰囊。”对“橐、囊”二者的区分,诸家说法不一,一直都有“大”与“小”、“有底”与“无底”的争论。

囊中可以装物,“囊中物”用来比喻不用费多大力气就可以得到的东西。如果囊中空无分文,那就是“囊空如洗”了,形容一个钱都没有,异常贫困。西晋时的名士阮孚生活贫困,但他坚持要在囊中放一枚小钱。有一次,阮孚到会稽一带游玩,有人问他:“囊中何物?”答道:“但有一钱看囊,恐其羞涩。”原来阮孚担心囊中空无一钱,害怕囊难为情。这位生性旷达的阮孚真是可爱之极。囊中装有一钱,是恐“囊中羞涩”,若是装有一锥,又会怎样呢?

《史记·平原君虞卿列传》记载,秦军围攻邯郸,赵国平原君要去楚国求援,门客毛遂自荐,请求与平原君一同前往。平原君见毛遂并不出众,说道:“贤能之人活在世上,就像锥处囊中,锥尖立刻就会显露出来。”毛遂答道:“我今天就请求您把我放在囊中。假使您早点把我放在囊里,我整个锥锋都能露出来,岂止是显露锥尖而已。”成语“囊里盛锥”源出于此,意为让有才能的人得到机会表现自己。

囊的制作材料若是皮子,这种囊就叫皮囊。人的躯体像是个用皮子做的大口袋,里面装了不少污秽不洁之物,如痰、涕、屎、尿等,所以佛教称人的躯体为“臭皮囊”或“臭皮袋”。

如果在囊上绣些个图案,例如麒麟之类的吉祥物,这个囊就变得有象征意义了。古代山东一带女儿出嫁前夕,母亲要送绣有麒麟的锦囊,祈愿女儿婚后早得贵子。无独有偶,京剧舞台上有一出由绣有麒麟的锦囊贯穿全剧的大戏——《锁麟囊》,是“四大名旦”之一程砚秋先生的代表剧目。《锁麟囊》之“锁”是一种针织技法,麟即麒麟。“锁麟囊”就是绣有麒麟的锦袋或荷包。麒麟是古人心目中的祥瑞之兽,雄曰“麒”,雌曰“麟”。这种神话传说中的动物，外形像鹿，头上有角，全身有鳞甲，尾像牛尾。人们常将聪慧颖异的小孩子唤作“麒麟儿”，例如杜甫《徐卿二子歌》：“君不见徐卿二子多绝奇。感应吉梦相追随。孔子释氏亲抱送，并是天上麒麟儿。”

《锁麟囊》讲述了这样一个故事：登州富家女薛湘灵许配给表哥周庭训，出嫁前夕依乡俗，薛老夫人赠女锁麟囊，内装珠宝无数。湘灵出嫁之日天降大雨，花轿暂避于春秋亭，忽闻另一破花轿内哭声甚悲，询问后方知，贫女赵守贞因身世凄凉，嫁妆寒酸，不禁悲啼。薛湘灵怜悯赵守贞，遂将装有奇珍异宝的锁麟囊慷慨相送，双方未通姓名，雨停后各自离去。六年后，登州大水，薛、周两家逃难，湘灵只身流落到莱州，迫于生计到卢员外家中为佣，看护卢家公子。一日湘灵陪伴卢公子于后花园玩耍时，想起自己失散的娇儿，触景生情，悲苦交集。公子把球抛入一座小楼，逼迫湘灵登楼去寻，在楼上湘灵看到供奉着自己六年前赠予他人的锁麟囊，不觉百感交集。卢夫人见状，加以细细盘问，方知眼前的保姆即是当年的赠囊之人，于是立刻将湘灵奉为上宾，结为姊妹，并帮助湘灵一家团圆。

1940年4月29日，《锁麟囊》于上海黄金大戏院首演，连演25场，场场爆满。据程砚秋之子程永江回忆：“家父于1938年请翁偶虹先生编写了剧本，又用了近两年时间，在王瑶卿先生的辅导下打磨唱腔和表演。在上海黄金大戏院连演10场后，家父按计划唱了一场《玉堂春》，但是观众强烈要求继续演出《锁麟囊》，前后演了25场仍欲罢不能。据说当时就形成了家父在台上独唱，观众在台下合唱的情景。”

程砚秋先生在饰演《锁麟囊》主人公薛湘灵之前，成功地塑造过《春闺梦》中的张玉贞、《文姬归汉》中的蔡文姬、《荒山泪》中的张慧珠、《六月雪》中的窦娥等悲剧人物，随着这些形象的深入人心，程先生也以擅演悲剧人物著称。1939年程砚秋向翁偶虹提出能否帮他写一出喜剧，初时，翁先生还有

《锁麟囊》剧照
引自盛文林《戏剧艺术欣赏》，北京工业大学出版社，2014年。

些犹豫，待看到程砚秋拿出的清代焦循《剧说》卷三所引《只麈谈》的材料后，翁先生欣然答应，并据此创作了《锁麟囊》一剧。

《锁麟囊》在京剧舞台上长演不衰，除了剧中主人公的善良淳朴引起人们的共鸣外，也得益于这出戏的剧情幽默诙谐，在艺术上又唱做并重。先说“幽默”。剧中四个丑角对剧情的展开以及喜剧气氛的营造，起到了烘云托月的作用。老、小傧相争着抢着要去大户人家“薛家”当差，老傧相斥责小傧相“势利眼”时诙谐的京腔对白，一下子就把观众带进了喜剧氛围中。丫鬟梅香、碧玉，为丑行应工加上一身彩旦打扮，脑后再翘起一根粗辫子，插科打诨、笑料百出，让人忍俊不禁。

再说“唱”。当初程砚秋看过剧本后，对翁偶虹先生建议：“几段唱词，您也再费点笔墨，多写些长短句，我也好因字行腔。”以《三让椅》一折为例：“她泪自弹、声续断，似杜鹃，啼别院，巴峡哀猿动人心弦，好不惨然！”三字句、四字句错落有致，有纵有收，饱含情致。再加上程派唱腔本身就极为好听，其特点是若断若续，有一种幽咽婉转的情调和韵味。此剧在编腔过程中，程先生又常常请教于有“通天教主”之称的王瑶卿，编有不少新颖的唱腔。《春秋亭》一折中“春秋亭外风雨暴，何处悲声破寂寥”，以及《朱楼》一折中“一霎时把七情俱已味尽，参透了酸辛处泪湿衣襟”，都成了脍炙人口、经久流传的经典段落。

最后谈“做”。程派弟子迟小秋评价《锁麟囊》这出剧：“表演方面，尤其是里面的水袖功，是很有讲究的，包含勾、挑、撑、冲、拨、扬、弹、打、抖等多种技巧。”程砚秋先生水袖表演功夫精深，剧中设计的这些富于舞蹈性的水袖动作，为该剧的表演增加了不少亮点。

〖“梅”花香自苦寒来〗

被中国人誉为四君子之一的“梅”，因其傲霜雪、战严寒、清雅淡泊的品质，千百年来一直为世人钟爱。宋代诗人范成大称梅为“天下尤物”，历来吟诵梅树及梅花的佳词名句更是不计其数。

我们先来寻觅下中国历史上最古老的诗歌总集《诗经》中“梅”的身影。《诗经·召南·摽有梅》：“摽有梅，其实七兮。”句中“摽”读biào，“落下”义。两句的意思是：梅子纷纷落地，树上十成的果子还剩七成。诗文描写了一位待嫁的女子，望见梅子落地，引起青春即逝的伤感，希望有人能马上来向她求婚。

向熹先生的《诗经词典》解释《摽有梅》之“梅”：“果树名，也写作‘楳’‘槑’，早春开花，有红白二种。果实味酸，立夏后熟，生者青色，叫青梅；熟者黄色，叫黄梅，古代用作调味品。至于节候名梅雨季，是指江淮流域雨季较长，此时正值梅子黄熟时期，故称这一时期为'梅'或'梅雨时节'。"梅雨时节的江淮流域因空气湿度较大，器物易霉，所以又称"霉雨"，简称"霉"。李时珍《本草纲目·水一·雨水》："梅雨或作霉雨，言其沾衣及物，皆生黑霉也。"

《诗·秦风·终南》："终南何有？有条有梅。"这里也提到了"梅"，但是与《摽有梅》中属于蔷薇科的"梅"不同，此处的"梅"是隶属樟科的楠木，"条"即楸树，全句的意思：终南山上有什么？有楸树有楠木。楠木的果实与青梅、黄梅不同，是不可食用的。

古往今来，爱梅之人不计其数，最负盛名的当属北宋时期的隐逸诗人林逋。宋人沈括《梦溪笔谈·人事二》："林逋隐居杭州孤山，常畜两鹤，纵之则飞入云霄，盘旋久之，复入笼中。逋常泛小艇，游西湖诸寺。有客至逋所居，则一童子出应门，延客坐，为开笼纵鹤。良久，逋必棹小船而归。盖尝以鹤飞为验也。"诗人无妻无子，常年足不出户，以植梅放鹤为乐，人称"梅妻鹤子"，其"疏影横斜水清浅，暗香浮动月黄昏"的千古名句，写尽了梅花的清幽与神韵，至今被人广为传颂。

"梅"除了指果木名，还指梅树的花。梅花也叫"梅朵"，前蜀韦庄《和李秀才郊墅早春吟兴十韵》："草根微吐翠，梅朵半含霜。""梅兄"则是对梅花的雅称，宋杨万里《烛下和雪折梅》："梅兄冲雪来相见，雪片满须仍满面。"

梅花还是替人们传情达意的"梅花使"。《太平御览》卷九七〇引南朝宋盛弘之《荆州记》："陆凯与范晔友善，自江南寄梅花一支诣长安与范晔，并赠诗曰：'折梅逢驿使，寄与陇头人。江南无所有，聊赠一枝春。'"自此，"梅花使"一词成为驿使的美称。

古代女性的妆容中，也留有梅花的倩影。《太平御览·时序部》引《杂五行书》记载，南朝宋武帝的女儿寿阳公主，某天仰卧于含章殿下，殿前梅花随风飘落，有一朵正好粘在公主的额头上，三天后梅花才被洗了下来。“宫女奇其异，竟效之，今梅花妆是也”，这种妆容又传到民间，爱美的女子竞相仿效，一直到唐五代都非常流行。

梅花是南京市的市花，“梅”与“梅花”在南京的地名中也留有诸多痕迹。据学者统计，南京有六十多个与之相关的地名，包括大名鼎鼎的梅花山、梅园新村等。不单是南京，名为梅山、梅岭、梅溪、梅村的在全国有几十处。安徽含山县境内的梅山，可能有很多人不熟悉，但说到“望梅止渴”这个成语，就无人不知、无人不晓了。《世说新语·假谲》记载，曹操率部征讨张绣，行军途中找不到水源。天气炎热，骄阳似火，士兵们口渴难耐。曹操对士兵讲：“前面有大片梅林，果实很多，那里的梅子又酸又甜，可以解渴。”士兵们一听，口中生津，精神大振。据学者考证，含山县的梅山即是“望梅止渴”故事的发生地。

地名中的“梅”，其来源并不完全相同。南京的“梅园新村”之名来源于梅花，据传自明朝以来，此地就有很大一片梅林。然而，有些地名却与梅花无关，例如南京的“梅家廊”，是因有“梅”姓人居住于该地而得名。

“梅”作为姓氏，出自子姓。商王太丁封其弟于梅（今安徽省亳县东南），称梅伯。《楚辞·天问》：“何圣人之一德，卒其异方：梅伯受醢，箕子详狂？”“醢”是古代把人剁碎做成肉酱的一种酷刑，梅伯因多次劝谏，最终被商纣王施以醢刑。武王克商后，封梅伯后裔于黄梅，其后人即以封邑为氏。

《百家姓》中梅姓位列第145位，《中国人名大辞典》收录梅姓名人42例。例如西汉的梅福，九江郡寿春（今安徽寿县）人，少年时求学于长安，精通《尚书》等儒家经典。梅福因不满王莽专权，上书指陈政事，险遭杀身之祸，遂弃官求仙，隐居于南昌城郊之南，常于湖边垂钓。东汉时，梅福垂钓之处被称为梅湖，并建有梅仙祠。诗文中提到梅福，常以“梅公、梅生、梅仙”相称，例如陆游《梅子真泉铭》：“梅公之去汉，犹鸱夷子之去越也。”

京剧与“梅”字也有不解之缘。翻开《京剧剧目词典》，仅剧目中以“梅”字开头的就有十五出之多。其中，广为人知的程派名剧《梅妃》讲的是唐玄宗命高力士选妃，得江氏女采苹，宠爱备至，因其喜爱梅花，册封为梅妃，并特为之建造梅亭。杨玉环进宫后，采苹渐被疏远，忆及当年恩宠，无限幽怨而赋诗寄意。后玄宗偶有召幸，皆被杨玉环所阻。安禄山谋反后，玄宗逃亡，梅妃死于乱兵中。玄宗重回宫中，偶至梅亭游玩，忆及梅妃，梅妃入梦托兆，诉说离情。玄宗一梦醒来，无限惆怅。该剧本于唐人小说《江采苹传》，于1928年9月20日首演于鸣和社夜戏华乐园。此剧唱功繁重，歌舞并陈，与《红拂传》《文姬归汉》并为程砚秋先生早期的三大名剧。

京剧演员中以“梅”字为姓的，最为著名的是“伶界大王”梅兰芳。梅兰芳（1894—1961），名澜，字畹华，祖籍江苏泰州。梅兰芳出身世家，祖父梅巧玲，字雪芬，“同光十三绝”之一，是京剧第一代著名的旦角演员；父亲梅竹芬

梅兰芳在济南演出的戏报

引自高新《京剧欣赏》，学林出版社，2006年。

亦为旦角演员，因相貌、身材极像梅巧玲，有“梅肖芬”之称；伯父梅雨田，著名京剧琴师，长期为谭鑫培伴奏，有“胡琴圣手”之称。

幼年的梅兰芳寡言少语、貌不出众，学戏时也并非一学就会，甚至被老师认为是扶不起的阿斗，断言他是祖师爷不赏饭吃。挨骂这件事情对梅兰芳触动很大，他暗下决心一定要吃祖师爷的这碗饭。自此后，吊嗓子、练身段、学唱腔，异于常人的勤奋练功让这位并不出众的少年一步一步进入了艺术的殿堂。成名后的梅兰芳有一次在后台遇见了当初骂他的那位老师，老师不好意思地说：“我那时真是有眼不识泰山！”梅兰芳却笑着说：“您快别说了，我受您的益处太大了，要不是挨您这一顿骂，我还不懂得发奋苦学呢！”

梅兰芳饰虞姬

梅兰芳饰洛神

引自梅兰芳述，许姬传等整理《梅兰芳回忆录（下）》，团结出版社，2005年。

1927年，北平《顺天时报》采取读者投票的方式，举办了京剧旦角的评比，梅兰芳以《太真外传》、尚小云以《摩登伽女》、程砚秋以《红拂传》、荀慧生以《丹青引》、徐碧云以《绿珠》当选为“五大名旦”。1931年，长城唱片公司又邀请梅兰芳、尚小云、程砚秋、荀慧生四位灌制《四五花洞》唱片。此后，将梅尚程荀四位大师誉为“四大名旦”的称号被观众认可并广为流传。以梅兰芳为首的“四大名旦”横空出世，带起了一批旦行演员，扭转了剧坛从程长庚起一直由“老生”领衔行当的局面。

梅兰芳塑造了多位端庄沉稳、含蓄典雅，充分体现传统古代女性风姿的舞台形象。由他创立的独具一格的梅派艺术体系，更是将京剧旦行的演唱、表演提高到了一个新的水平。梅先生的表演讲究中和之美，大方自然，从不故意卖弄炫耀技巧；唱念做打不温不火，却在表面的规矩平淡之中显出深沉含蓄的内在魅力。特别是梅先生从不墨守成规，富于革新和创造精神。面对剧本中粗俗、不合理及冗余的部分，梅先生不断加工、删改，使演出效果一次强过一次。先后创编的多部时装新戏、古装新戏，例如《天女散花》《霸王别姬》《西施》《洛神》等都已成为梅派艺术的代表作品。梅派艺术薪火相传，直至今天依旧在舞台上散发着耀眼的光辉。梅派艺术的成功有太多的经验值得我们后辈研究、学习，希望越来越多的年轻人能够走进剧院，去感受欣赏舞台上梅派艺术隽永的魅力！

〖十生九“尹”〗

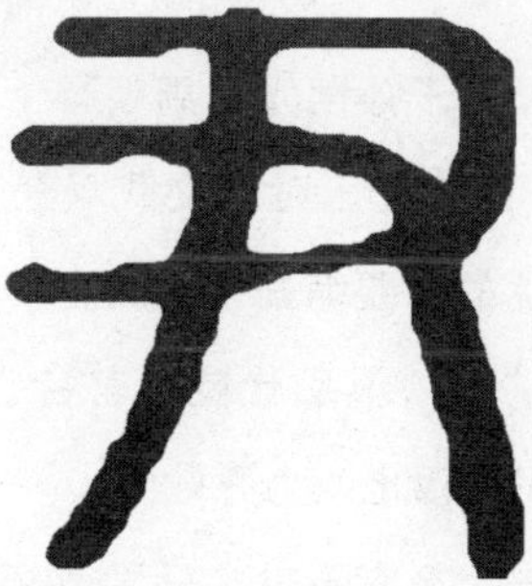

“尹”字甲骨文作、，象以手执笔记事，原是脑力劳动的象征。《说文解字》：“尹，治也。”许慎指出“尹”的本义为“治理”，正好印证了孟子的著名论断：“劳心者治人，劳力者治于人。”从事脑力劳动的人治理人，从事体力劳动的人被人治理。

有些学者认为“尹”字中的“丨”为手杖，是权力在握的象征。从甲骨卜辞可以看出，“尹”的地位很高，相当于后世的宰相。商汤时的伊尹，姓伊，名挚，“尹”为官名。《史记·殷本纪》记载伊尹“为有莘氏媵臣，负鼎俎，以滋味说汤”。这位有莘氏部落女子的陪嫁奴隶做得一手好菜，因其用烹饪的滋味比喻为政的方法，受到商王成汤的赏识，从而被“举任以国政”。商汤死后，继承王位的外丙在位三年便得病死去，随后即位的中壬也仅在位四年，伊尹遂立商汤的嫡长孙太甲为商王。太甲继位后，残暴无道，伊尹将之放逐于商汤的墓地桐宫，自己代王行政，统治诸侯。三年后，太甲悔过自新，才被伊尹迎回并“授之政”，从此“诸侯咸归殷，百姓以宁”。

现代汉语中“尹”字常作为姓使用。《通志 · 氏族略三》：“尹氏，少昊之子，封于尹城，因以为氏。子孙世为周卿士，食采于尹。今汾州有尹吉甫墓，即其地也。”黄帝的儿子少昊有子名殷，在颛顼帝时任工正，负责管理手工业，被封在了尹城，人称尹殷，其子孙世代为周朝卿士，后世子孙遂以地名“尹”作为姓氏。另有一支源于西周宣王时期文武双全的一代名臣尹吉甫。尹吉甫姓兮，字吉甫，是《诗经》的主要编纂人之一。军事上，他北拒玁狁，南征淮夷，因其赫赫战功被封为“尹”，其后代就以官名“尹”为姓氏。另外还有一些他姓改尹姓，或者少数民族汉化改为尹姓的。

尹姓名人的典故，史书上载有不少。尹思贞（640—716），陕西长安人，以执法公正、铁面无私著称。尹思贞二十岁时任隆州参军，当地有个豪族蒲氏横行霸道、扰乱法令，前后几任官吏都不能制裁他。尹思贞查办此事，最终查出蒲氏赃银数以万计，判处其死刑。四方百姓听闻后相互庆贺，刻石记载此事以赞颂尹思贞的功德。其后，尹思贞又任司府少卿一职。当时司府卿侯知一威严无情，吏民的顺口溜却云：“不畏侯卿杖，惟畏尹卿笔。”可见时人对他的敬畏之情。后人也以“尹卿笔”形容文笔严峻、不徇私情。

《史记 · 外戚世家》记载，汉武帝同时宠幸尹夫人和邢夫人，为避免二人相互嫉妒与倾轧，武帝有诏两人不得相见。“尹夫人自请武帝，愿望见邢夫人，帝许之。”谁知武帝却命令其他夫人打扮起来，后面跟从侍女几十人，装作邢夫人来到尹夫人面前。尹夫人上前见过后，说：“这位不是邢夫人本人。”武帝问道：“为何这样讲？”尹夫人回答：“看她的身貌形态，不足以匹配人主啊！”武帝这才诏令邢夫人穿上原来的衣服，独自一人前来。尹夫人看见后说：“这位才是真的邢夫人。”言罢低头哭泣，痛心自己不如邢夫人。后世遂有“避面尹邢”的成语，比喻因嫉妒而不相谋面。

发源于浙江嵊州，有“第二国剧”之称的越剧界也有一位尹姓名人，她创立的尹派艺术委婉缠绵、洒脱深沉、韵味醇厚，以“圆、润、糯”著称。这位尹姓名人就是越剧尹派小生的创始人——尹桂芳。

尹桂芳从事的越剧，原是流行于浙江、上海一带的地方剧种，曾称“小歌班”“绍兴文戏”等。1925年9月17日，上海《申报》演出广告中首次以“越剧”称此剧种，但各戏报上的称呼依旧不统一。《大公报》记者樊迪民被著名越剧演员姚水娟聘为“越吟舞台”的编导。他从李白诗《越女词》得到启发，首先想到一个“越”字，同时联想到绍兴是越王勾践卧薪尝胆的复兴之地，而越剧发源地嵊州是绍属之一，再加上姚水娟“我就是要越唱越响，越唱越高，越唱越远”的豪言壮语，樊迪民遂给茹伯勋编的《戏剧报》去稿，文章论述了正名为“越剧”的动机和意义。自此戏报的广告陆续将此剧种改称为“越剧”。

越剧起源于浙江嵊州，原是一种被称为“田头歌唱”的民间说唱艺术。嵊州一带的农民在劳动之余，喜欢聚集在田头、晒场等地，或一人表演，或数人对唱，这种劳动之余的娱乐哺育出一大批民间艺人。清咸丰年间，嵊州连年遭灾，再加上清政府繁重的苛捐杂税，当地农民为谋生计，把田头歌唱作为了谋生手段。早期阶段，卖唱者拿着细竹竿做的旱烟筒在人家门槛上打着拍子歌唱，唱的多是“早生贵子跳龙门”“福也增来寿也增”之类祝福颂扬的吉利话，以取悦主人。

经过挨家挨户立于人家门口“沿门唱书”的阶段后，艺人们逐渐丰富了唱调和篇目，唱书也逐渐好听、好看起来，深受当地百姓的欢迎。到了同治年间，艺人们开始进入茶点酒肆坐唱，这一阶段称为“落地唱书”时期。随着唱书艺术的发展，唱书的地域逐渐扩展到宁波、绍兴、金华等地。

沿门唱书图

引自马向东《越剧——中国国粹艺术读本》，中国文联出版社，2008年。

1906年春天，艺人李世泉、钱景松、高炳火等一行6人，来到临安县外伍村唱书。这里的村民提议，让艺人们穿上各种角色的服装，把唱书的内容给演出来。艺人们答应试一试，他们穿上向村民借来的长袍马褂，再抹上胭脂花粉，走上了村民用几只稻桶加门板搭起的简易露天戏台。这次演出虽然漏洞百出，但观众认为这种表演形式比没什么动作的唱书好看。李世泉等艺人回到自己的家乡甘霖镇东王村，讲起自己在外面的演出经历，村民们觉得很新奇，纷纷要求他们在本村演出。1906年阴历三月初三这天，李世泉等精心准备后正式登台表演，演出轰动一时。此后，被嵊州人唤作“小歌班”的正式戏班开始出现。

小歌班由清一色的男演员组成，但出身于落地唱书的男演员，一方面没有戏曲表演的功底，另一方面男扮女角的唱腔问题一直没有妥善解决。受京剧“髦儿戏”的影响，1923年7月，嵊县籍商人王金水、艺人金荣水等人在嵊县施家岙村开办了第一个越剧女班。此后，女班如雨后春笋，大批出现。越剧在经过短暂的男女混演之后，由清一色的男班转为清一色的女班。抗日战争爆发后，越剧演出中心从浙江转移到上海。1941年，仅在上海的女班就多达36个，全国则有263个越剧女班，从业人员近两万人。

女子越剧早期阶段以花旦为台柱，代表人物是施银华、赵瑞花、王杏花及姚水娟组成的越剧“四大名旦”，也称“三花一娟”。花旦艺术首先走向成熟，这是由于相较于女扮男的小生艺术，女扮女的花旦行难度要小些。越剧“四大名旦”风靡于20世纪30年代后期，其后随着女子小生艺术的日益成熟，观众对越剧的审美侧重点由花旦转向了小生，越剧舞台呈现出以小生为台柱的基本格局。

越剧女小生流派众多，由尹桂芳创立、形成于20世纪40年代的尹派，是最能体现越剧剧种特色的小生流派。尹桂芳，1919年出生在浙江新昌县一个贫苦的农民家庭，幼年丧父。为了减轻母亲的负担，她10岁进科班学戏，初学

尹桂芳《宝玉与黛玉》中饰贾宝玉

引自张正、张桂彬《越剧名家艺术生涯》，上海大学出版社，2005年。

花旦，后专攻小生。40年代，尹桂芳致力于越剧的改革与创新，她勤奋好学，博采众长，不断向话剧、电影、京昆剧学习。尹桂芳根据自己的嗓音条件，充分发挥中低音区的优势，注意以字制腔，以情带声，她的唱腔淳朴隽永、深沉洒脱、韵味醇厚、柔中带刚，具有一种独特的韵律美。舞台上尹桂芳的表演细腻动人、自然大方，她扮演的小生风度翩翩、儒雅潇洒而又形象鲜明，无论是《红楼梦》中的贾宝玉、《盘妻索妻》中的梁玉书、《玉蜻蜓》中的申贵生和徐元宰，还是《沙漠王子》中的罗兰王子、《何文秀》中的何文秀等人物形象，都栩栩如生，各有特色，给观众留下了不可磨灭的印象，这些剧目仍然活跃在今天的越剧舞台上，成为长演不衰的经典传统戏。

越剧界有“越剧皇后”这一头衔的旦角演员众多，筱丹桂、王杏花、姚水娟……而有“越剧皇帝”这一殊荣的只有尹桂芳一人。尹桂芳塑造的小生完美演绎了温柔、儒雅、痴情的男性形象，使得尹派艺术深受观众的喜爱，甚至出现了“十生九尹”的现象。越剧舞台上的当红小生赵志刚、茅威涛、萧雅无一不是尹门弟子，特别是福建省芳华越剧团当家小生——尹门第五代传人王君安，是当今最具人气的越剧女小生。她的粉丝年龄跨度极大，从十七八岁的“90后”到八九十岁的耄耋老者。当其他越剧人流连于一轮轮新越剧的改革时，君安却坚持对尹派艺术原汁原味地传承与呈现，这大概也是君安最具吸引力的地方吧。

【烟雨红“船”】

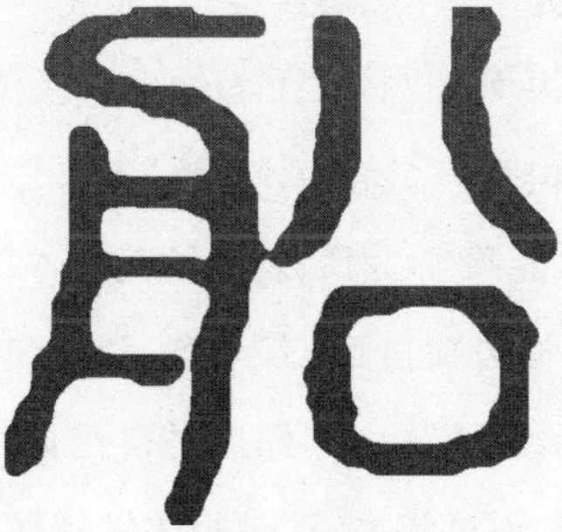

地球上不同的文化和宗教里都有关于洪水的传说，其中最为世人熟悉的是诺亚方舟的故事，讲述人类凭借在诺亚方舟中的留种，生命得以延续。《圣经·旧约·创世纪》不仅记载了洪水的起因、过程和结果，还详细说明了诺亚方舟的建造方法以及最终停靠的时间和地点，这些记载引起了历代神学家、考古学家、地质学家、探险家的兴趣，特别是方舟的构造和容积，更是成为人们孜孜不倦探讨的话题。

中国的先秦文献里，也曾多次提到尧舜时代泛滥成灾的洪水。在那个远古时代，人们借以求生的船又是什么样的呢？语言文字中“船”字出现较晚，表达这一概念的最早名称是“舟”，《说文解字》释“舟”为“船也”。要想了解早期“船”的模样，需要借助“舟”的字形。甲骨文“舟”字作、，象一叶小舟横在水中之形，与今天的木船大致相同。甲骨文中还有、两个字形，一象舟行水上，一象人在舟上用篙撑舟而行，两个字形中舟的结构都比较简单。今天能够看到的最早的实物舟，出土于浙江杭州萧山区跨湖桥遗址。这条独木舟残骸经碳14测定，距今已有8 000年，被誉为“中华第一舟”。

按照礼制，古人乘舟要根据自己身份地位的不同，选择不同类型的“舟”。《尔雅 · 释水》：“天子造舟，诸侯维舟，大夫方舟，士特舟，庶人乘泭。”天子的“造舟”，是将船并列在水中，上面加上木板作桥；诸侯使用“维舟”，是将四只船相连；大夫再降一个等级，使用“方舟”，是将两船相并；士乘坐“特舟”，即单船；庶人只能乘坐“泭”，就是竹筏或木筏。

《尚书 · 盘庚》：“尔惟自鞠自苦，若乘舟，汝弗济，臭厥载。”这是商王盘庚迁殷时训导臣民的话，意思是：你们这是自己搞得走投无路，自寻烦恼，就好像坐在船上，你们又不过河去，这会把事情搞坏。殷商时代的人们只能使用“舟”字，因为当时“船”字还没有出现。“船”字约在春秋战国时期出现，但在先秦文献中使用频率很低，一直到汉初才流行开来。《左传 · 僖公三十三年》：“公使阳处父追之。及诸河，已在舟中。”这是秦晋崤之战后，晋国大臣阳处父追赶被晋襄公释放的秦将，追到黄河边，秦将三人已坐在船上了。同样是记载这件事情，《史记 · 晋世家》：“轸乃追秦将，秦将渡河，已在船中。”句中不用“舟”，而用“船”字，乃是时代使然。据学者李波统计：“《史记》全书共572 864字，使用单字数为4 932个。其中，舟字用了29次，船字用了92次。上古儒典十三经总字数634 854字，用舟字87次，没有用到船。”

“舟”“船”二字除了出现时代早晚有所区别外，也有地域方言的分工。扬雄《方言》：“自关而西谓之船，自关而东谓之舟”，是说函谷关以西的人使用“船”字，函谷关以东的人使用“舟”字。“船”字作为方言用语，最终在西汉时期进入通语。现代汉语中，“船”字常常单用，是交际语中的常用词汇；而“舟”字则带有古语的痕迹，一般用为造词成分，如“舟车、舟楫、龙舟、轻舟”。另外“舟”“船”二字还有一种区分：大曰船，小曰舟。

“舟”“船”一般用为名词，用作动词时表示乘舟、乘船。《礼记·祭义》：“壹举足而不敢忘父母，是故道而不径，舟而不游，不敢以先父母之遗体行殆。”意思是：由于一抬脚都不敢忘记父母，所以走路要走平坦的大道，不走邪僻不安全的小路，渡河要乘船而不要游水，不敢用父母赐给我们的身体去做冒险的事情。这里的“舟”用为动词，只是这个义项后来使用较少。

有“南国红豆”之称的粤剧，在其发展历史上与舟船有着密切的联系。2000年11月23日，香港演艺学院的舞台上，大幕尚未开启，一首似歌似曲的调子，混合着流水声徐徐而起：“山过山来水弯弯，风雨红船年复年，自古人生多少事，心中波澜诉管弦。”伴随着歌声的响起，这出由陈宝珠、梁家辉、刘嘉玲等多位明星联袂出演的舞台剧《烟雨红船》将观众带进了珠江水乡，为大家展现了20世纪30年代广东水乡艺人的生活。《烟雨红船》演出前，很多人都不知道红船为何物，随着这部当时话剧界少有的投资三千万的大制作的亮相，人们才开始了解承载近代粤剧兴衰的红船及红船子弟。

红船在粤剧发展的漫长岁月里功不可没，人们习惯将粤剧伶人称为“红船弟子”。但“红船”并不只是粤剧中的专用名词。宋代袁正真《长相思》：“采芙蓉，赏芙蓉，小小红船西复东，相思无路通。”词中“红船”指彩绘的画船。明人杨循吉《吴中故语·三学骂王敬》：“刘次日召诸生责之曰：‘王敬家有三条玉带，汝辈小儿何能与之抗？且说永乐间秀才骂内史，皆发充军，汝谓无红船载汝辈耶？’”此处“红船”指明代载囚犯的船。另外，旧时长江一带的救生船也称“红船”，凡江行遇风涛之险，均由红船任拯救之责。

红船模型

引自罗铭恩、罗丽《南国红豆——广东粤剧》，广东教育出版社，2009年。

那么，粤剧中“红船”的由来是什么呢？珠江三角洲一带河道纵横，清末民初粤剧戏班为方便演出，往往租用船只作为交通和住宿的工具，由于船身漆以红色，故名“红船”，以红船为栖身地和交通工具的本地班称为“红船班”。除珠江三角洲外，红船的身影还出现在西江、北江、东江一带。

根据戏班规模大小的不同，戏班分为使用两艘红船的“全班”和使用一艘红船的“半班”。两艘红船，一称“天艇”，一称“地艇”，两船大小相等，长约五丈七八尺，宽约一丈六七尺。“天艇”住的是戏班的经营人员、乐师以及小生、花旦等，“地艇”住武生、花面等。红船的外形是船头低、船尾高，所以有“龙头凤尾”之称。舱内的铺设与布局，则是按照戏班的需要设计的。

粤剧戏班使用过的戏木箱

引自罗铭恩、罗丽《粤剧》，广东教育出版社，2010年。

红船班组织结构庞大，建制、行规非常严格。戏班的主体由大舱、棚面、柜台三部分组成，"大舱"是各个行当的表演人员，"棚面"是戏班的乐师，"柜台"是负责经营业务、财务管理的职员。除此之外，服饰道具、厨房炊事、剃头洗衣、搬运戏箱等事务均有专人负责。

红船班一年一组班，演出及休期固定不变。一年演出分上下两期：第一次演出时间是每年农历六月十九至农历十二月二十日，谓之上期，休息10（小散班）后于除夕再次启程演出，至翌年农历六月初一谓之下期，休息18天（大散班）后至农历六月十九的观音诞便又重新开班了。

红船戏班整年风餐露宿，漂泊在外，为求平安富足，形成了许多富有行业特色的禁忌习俗。例如红船班时代演职员全是男性，阳气重，因此不准妇女登船靠近，唯恐带来不吉利之事，即使亲如妻女也只能在岸上传呼喊话；红船之上不准人员坐在船沿把脚伸到水里，所谓"行船不湿身"，"湿身"即意味着翻船。

从清乾隆年间到1938年日军侵占广州，百余年来红船所到之处，皆受到戏迷观众的热烈欢迎。道光十一年刻《佛山忠义乡志》记有梁序镛《汾江竹枝词》:“梨园歌舞赛繁华，一幕红船泊晚沙。但到年年天贶节，万人围住看琼花”，可以看出红船时代粤剧戏班的演出盛况。

20世纪二三十年代，粤剧演出从农村走入城市，粤剧戏班从红船班逐步过渡到省港班，这成为粤剧发展史上重要的分水岭。抗战时期，红船多毁于战火，剩余的或被日军征用，或被船主拆成木料典卖，粤剧史上的红船时代也就一去不复返了。

【魔幻“变”脸】

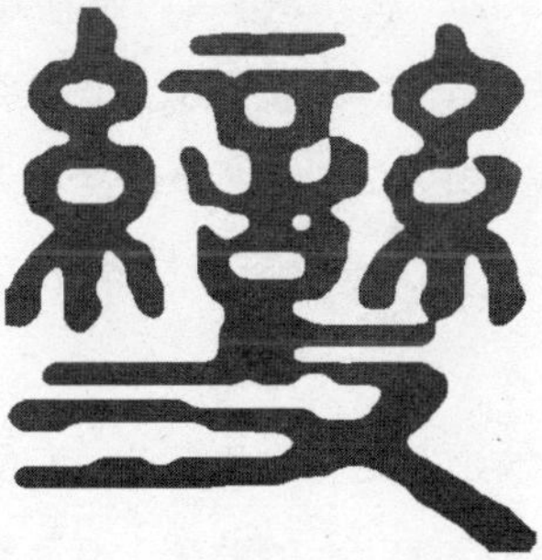

小篆“变”字作，是个形声字，从攴(pū)，䜌(luán)声。“攴”的甲骨文作、，为手持工具击打之形，到了小篆“攴”略有变形，作。楷书时代“攴”作偏旁时写作“攵”，例如“教、放、政”等字，右面偏旁均是“攴”。从“攴”之字多含关于做事之义。例如“牧”字作，为手持工具赶牛之形，本义是“放牧牛或牛群”；“败”字作，为手持工具敲打贝壳之形，本义是“毁坏、败坏”。

《玉篇》释“变”为“化也”，《说文解字》释“化”为“变也”。“变”“化”互释，常常连用。《易·乾》：“乾道变化，各正性命。”孔颖达疏：“变，谓后来改前，以渐移改，谓之变也。化，谓一有一无；忽然而改，谓之为化。”可见“变”“化”的速度并不一致。除此之外，“变”着眼于事物的外在，“化”则牵涉到事物的本质。《礼记·中庸》：“动则变，变则化。”孔颖达疏：“变而既久，遂至于化……初渐谓之变，变时新旧两体俱有，变尽旧体而有新体谓之化。”

可见，“变”是一般的改变，“化”改变的程度要比“变”深入、彻底。“变”“化”在先秦古汉语中有比较明确的分工，但其后“变”的适用范围越来越广，本应使用“化”的也可以用“变”替代了。

《西游记》第五十七回：“善财陪笑道：‘还是个急猴子。我与你作笑耍子，你怎么就变脸了？’”这里的“变脸”犹“翻脸”，也称“变面”，表示对人的态度突然变得不好。艺术源于生活，在中国西南部影响最大的剧种——川剧中，有一项称为“变脸”的表演特技，就是从人们实际生活中的“变脸”出发，将之加以提炼、夸张，最终形成了一种根据剧情和人物心理来表现人物的特殊技巧，这种技巧把不可见、不可感的抽象情绪和心理状态通过“变脸”表现出来。

舞台上的“变脸”艺术让人觉得神秘莫测，艺人头一扭，手一挥，短短几秒钟，黑脸、白脸、花脸、红脸、蓝脸，唰唰唰十几张色彩斑斓的脸谱就变了出来。“变脸”的机关在哪里呢？

一般的“变脸”技法有“扯脸”“抹脸”“吹脸”“运气变脸”等，其中“扯脸”又叫“揭脸子”，是难度最大、最具观赏性的变脸技法。所谓“扯脸”，是演员事先将若干画在绸子上的脸谱叠在一起蒙在脸上，每张脸谱上都有一根丝线，系在衣服的某个顺手而又不引人注意的地方，随着剧情的发展，在表演动作的掩护下，演员将脸谱一张张快速扯下。知名度最高的川剧代表剧目之一《金山寺》中，就成功地运用了“扯脸”的技法。

《金山寺》又名《水漫金山》，是大型神话剧《白蛇传》中的一折。法海和尚见许仙面带妖气，将其软禁在金山寺，白素贞带小青前去索夫，法海不肯放人，白素贞无奈，只好与法海展开殊死搏斗。“紫金铙钹”本是法海收伏白素贞的器物，剧中将其拟人化，塑造成一个手持铙钹的“钹童”形象。紫金铙钹奉命“收伏妖孽”，先后三次出场。第一次以绿蓝相间的脸谱亮相，在与白娘

《金山寺》中的变脸
引自杜建华、王定欧《川剧》，浙江人民出版社，2008年。

子的较量中，依次变为红脸绿眉、蓝脸金眉等；第二次出场是追杀白素贞的过场戏，钹童发现白素贞已经逃走，由白色本脸，跺脚之间即变为黑脸白眼，急追白蛇下场；最后一次仍以白色本脸出场，在与白素贞相遇的一刹那，变为金脸、浓眉、络腮胡。不同色彩和图案的脸谱，刻画了钹童从寻找白蛇、发现白蛇、罩住白蛇到白蛇逃走几个阶段的情绪变化，具有强烈的视觉冲击力。

抹脸是一种相对简单的变脸法，演员化妆时先把油彩涂在脸的某一部位，在表演过程中借助转身、埋头等动作，把油彩迅速往脸上一抹，就变成另外一种脸色。川剧《东窗修本》中，奸相秦桧害死英雄岳飞后，做贼心虚，整日里精神恍惚，被幻觉中出现的岳飞击中，跌倒在舞台上，此时演员趁机将双眉与上唇之上的黑墨一抹变成黑灰脸色，借以表现出秦桧丧魂失魄的心理状态。

吹脸是演员将粉末状的化妆品，例如金粉、墨粉、银粉等，放置在舞台特定位置上的器皿内，演员做一个动作，趁机将脸贴近器皿用口一吹，粉末扑在脸上，演员的脸立即变成另外一种颜色。川剧《活捉子都》中的子都因嫉妒主帅颍考叔，从背后放冷箭，暗害了颍考叔。庆功宴上，子都精神恍惚，幻视幻听，把杯中自己的倒影看成了颍考叔。饰演子都的演员事先将粉末放在酒

《活捉子都》中的吹脸，引自杜建华、王定欧《川剧》，浙江人民出版社，2008年。

杯内，一吹粉末，脸就突然变黑，表现了子都极度惊恐之情。

川剧善于利用绝活塑造人物形象。除"变脸"外，艺人们还创造出踢慧眼、藏刀、顶灯等绝技。这些奇幻莫测、惊心动魄的表演方式，大大增强了川剧舞台的表现力，令人叹为观止。

【百戏之“母”】

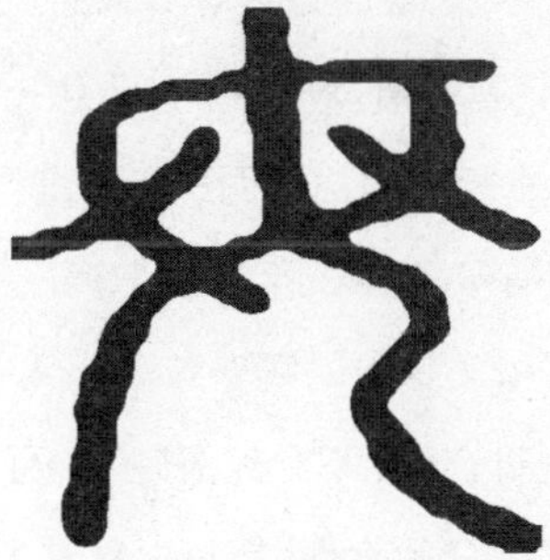

甲骨文“母”字作，“女”字作。“母”字字形跟“女”字相比，是在双手交叉环抱的胸前，添加了两个标志性的点，郭沫若先生解释这两个点“象人乳形之意明白如画”。“母”字比“女”字多出的两点，生动地体现出生过孩子的母亲跟少女相比，多出的主要职责是用奶水哺育子女。佛陀在《佛说父母恩重难报经》中说：“一对枯骨分作二分，若是男骨，色白且重；若是女骨，色黑且轻。每生一孩，赖乳养命，乳由血变，每孩饮母八斛四斗甚多白乳，所以憔悴，骨现黑色，其量亦轻。”母爱无边，真是“谁言寸草心，报得三春晖”！汉字字形虽然经过了甲骨文、金文、小篆等多个阶段的形体演变，但一直到楷书中的“母”字，两个象征母亲特征的点还保留在字形中。

“母”除了“母亲”的常用义项外，还可以指“养育、哺育”。《说文解字》：“母，牧也。”段玉裁注：“牧者，养牛人也。以譬人之乳子。”段玉裁的意思是，

“母”就是像养牛一样哺育子女。《史记·淮南衡山列传》记载，汉高祖的小儿子淮南厉王刘长，因其母亲早逝，高祖“令吕后母之”，句中“母”字，即“养育、哺育”义。

“母”并非“母亲”的专称，也能用来称呼家族或亲戚中的女性长辈，例如祖母、伯母、叔母、姑母、姨母、舅母，这种用法可以追溯到甲骨文时代。赵诚先生认为“母”在甲骨文里是“各代君主对母辈的通称，不管是亲生还是叔伯关系，皆称为母。由于各代皆有母，又均以十干（甲、乙、丙、丁、戊、己、庚、辛、壬、癸）为名，因此必然会有相同的称谓而所指并非同一人的情况，如武丁、祖甲、康丁、武乙、文武丁皆有母乙，武丁、祖甲、康丁、武乙、帝乙皆有母癸。这些母辈中的某一位，到底和父辈中的哪一位是一对，大部分不明确。母辈中的哪一位是某王的亲生之母，也并不全部清楚”。可见在甲骨文时代，只要是家族亲戚中跟自己母亲同辈分的女性，都可以称其为“母”。

《史记·淮阴侯列传》记载了著名的“漂母饭信”的故事。大名鼎鼎的淮阴侯韩信，幼年时家中异常贫困，总是没有饭吃。韩信寄食于别人家，也常遭人厌恶。“信钓于城下，诸母漂”，有一次他在城墙下的河里钓鱼，有很多老妇人在河里漂洗丝絮。句中之“母”，是对老妇的通称。其中有一位老妇人，看到韩信饿了，就每天给他饭吃。韩信很高兴，对老妇人表示一定要重重地报答她，没想到老妇人很生气地说：“大丈夫不能自食，吾哀王孙而进食，岂望报乎！”韩信后来成为楚王，找到了当年的“漂母”，送给她千金作为酬谢，这也是成语“一饭千金”的来历。

“母”除了指女性，雌性的禽兽也称为“母”，与“公”相对，如母鸡、母鸭、母猪、母马等。王国维《尔雅草木虫鱼鸟兽名释例上》：“草木之有实者曰母，无实者曰牡。”草木类结实的可称为“母”，例如《说文》：“芓（zì），麻母也。”芓是麻的雌株，所以叫“麻母”。

“母”能生儿育女，因此能够有所滋生的事物也称为“母”。比如“字母”是能够产生单词的符号，“酒母”能够使粮食发酵产生出酒，“母带”可以用来复制、生产出音像制品。

昆曲于元末明初起源于苏州市东南部的昆山，原名“昆山腔”，简称“昆腔”，清代以来才被称为“昆曲”。明嘉靖年间，“曲圣”魏良辅对昆山腔改革后，使其变成了一种流利悠远、转音若丝、幽雅婉转的新腔，时称“水磨调”。随后，戏剧家梁辰鱼用昆山腔创作了传奇剧本《浣纱记》。该剧取材于春秋时期吴越争霸的故事，以西施和范蠡的爱情故事为主线，剧情跌宕，唱词文雅工丽。随着《浣纱记》的上演，昆曲不仅得到了文人雅士的认可，也成为普通百姓追捧的对象，最终成为大江南北最为流行的一种表演形式。

作为一种融合了文学、戏剧、音乐、舞蹈于一体的舞台综合艺术，昆曲丰富、严谨、完整、精深的艺术体系使其在中国300多种地方戏曲中占据特殊的

昆曲发源地昆山

引自郑雷《昆曲》，浙江人民出版社，2005年。

地位。昆曲的乳汁哺育过京剧、越剧、黄梅戏、豫剧、川剧等众多的地方戏，直到今天很多剧种都从昆曲中不断地吸收养分。因此，作为全球首批人类口头和非物质文化遗产代表作的昆曲被称为“百戏之母”和“百戏之祖”。

众所周知，梅兰芳先生位居京剧界“四大名旦”之首，但少有人知的是梅先生首次登台，演的却是昆曲《长生殿·密誓》中的织女。到了1914年，处于艺术生涯上升阶段的梅兰芳先后向陈德霖、李寿山、乔蕙兰等前辈学习了三十多出昆曲，其中《断桥》《思凡》《闹学》《游园》《惊梦》《拷红》等，都成了他的代表作品。

京剧大师梅兰芳为什么要去学习昆曲艺术？在《舞台生活四十年》中，梅兰芳总结道:“昆曲的身段、表情、曲调非常严格。这种基本技术的底子打好了，再学皮黄，就省事得多。因为皮黄里有许多玩艺，就是打昆曲里吸收过来的。”梅兰芳的京剧艺术从昆曲艺术中学习借鉴了诸多长处，许姬传曾说：“梅兰芳的表演艺术的辉煌成就，与他爱好昆曲和对昆曲的钻研不懈是分不开的。”

唯美典雅、极具江南灵秀之气的越剧，在其发展过程中也曾得到过昆曲的滋养。越剧泰斗、袁派创始人袁雪芬称昆曲是越剧的奶娘:“孩子不会忘记奶娘的，因为没有这个奶娘，有好多东西你不能，无根之木的啊，要有根的，这个根在哪里，根在（昆曲）这里。”

20世纪40年代，袁雪芬倡导越剧改革，除了借鉴话剧、电影的表演方法外，还主张向昆曲学习。袁雪芬在回忆中谈道:“那时，尽管昆剧这个剧种已奄奄一息，但它那载歌载舞的演出形式、丰富的表演手段、细致优美的风格还是深深地吸引了我。在日夜两场之间，我常抽空去观看。我觉得，与上海滩当时盛行的机关布景连台本戏相比，它是严肃的、精美的艺术；与我们越剧相比，它更成熟、更丰富、更有表现力。”1942年袁雪芬的雪声剧团成立后，专门聘请昆剧“传”字辈演员郑传鉴加入剧务部，设计指导演员的表演身段、舞蹈、武打动作、咬字发音等。

郑传鉴是昆曲“传”字辈的老艺术家，在演唱、身段、表演方面都有着深厚的功力。郑传鉴的戏路很宽，再加上见多识广，他善于根据演员的个性特点为她们设计身段动作。经过郑传鉴加工过的越剧，既有优雅的唱腔，又有优美的舞蹈。演员们载歌载舞，艺术性有很大的提高，使得整个舞台的面貌走向了典雅和规范。后来很多越剧团的演员排演新戏，都争相聘请郑传鉴作指导，郑传鉴也被称为“越剧奶师”。

袁雪芬《西厢记》中崔莺莺造型照

引自张正、张桂彬《越剧名家艺术生涯》，上海大学出版社，2005年。

〖"豫"韵风华〗

豫剧诞生于中原大地，其曲调流畅、节奏鲜明、质朴通俗，深受当地老百姓的喜爱。例如让人心头为之一振的"辕门外三声炮如同雷震，天波府里走出来我保国臣"，妇孺皆知的"刘大哥讲话理太偏，谁说女子享清闲"，还有充满浓郁生活气息的"亲家母，你坐下，咱俩说说知心话"，这些男女老少都能哼唱的段落，经久不衰地传唱在中原大地上。

豫剧原名河南梆子，又叫"河南讴""靠山吼"，因河南省简称"豫"，解放后定名为豫剧。河南为何简称"豫"？《说文解字》："豫，象之大者。贾侍中说：'不害于物。'"段玉裁《说文解字注》："此豫之本义，故其字从象也。"可见，"豫"的本义是"大象"。甲骨学家胡厚宣先生等多位专家考证，三千多年前的中原大地不仅气候比今日要暖和，还有野象生活在其中。甲骨文"象"字作，突出了大象长鼻子的特征。甲骨卜辞还有不少关于商人猎象的记录，例如武丁时代（前1250—前1192）的一片卜辞上提到打猎时获得了一头大象。不仅出土文献甲骨文证明了大象在三千多年前的中原大地上有所分布，传世文献《吕氏春秋·古乐篇》也有“商人服象，为虐于东夷”的记载。此外，甲骨学家罗振玉先生考察了“为”的字形，认为“象为南越大兽，此为后事，古代则黄河南北亦有之。‘为’字从手牵象，则象为寻常服御之物”。徐中舒先生更是认为“豫以产象而得名”。

关于河南为何简称为“豫”，还有另外一种解释。《释名·释州国》：“豫州，地在九州之中，京师东都所在，常安豫也。”东汉李巡解释道：“河南其气著密，厥性安舒，故曰豫。豫，舒也。”是说河南位于天下的正中，四季更替，阴阳调和，使人有安乐、舒适之感，所以将河南名为“豫”。

不管是因为“豫以产象而得名”，还是“河南其气著密，厥性安舒，故曰豫”，河南作为中华民族的发祥地之一，从夏王朝到清朝，四千多年的历史中曾长期作为中国的政治、经济、文化中心，悠久的历史在这片中原大地上留下了灿若星辰的文化遗产，使其向来有中华民族文化缩影之称。戏曲作为传统文化的一个重要分支，是中原各种文化艺术融合的结晶。明朝万历年之后的四百余年，先后在河南境内产生、存在和流行过的戏曲剧种约65个。到20世纪末，包括豫剧、曲剧、越调、大平调、宛梆、怀梆、落腔、道情戏、四平调、柳琴戏、坠剧、河北梆子、山东梆子、蒲剧、大弦戏、京剧、二夹弦等在内的35个剧种仍然有演出活动。丰富多彩的戏曲剧种，光辉灿烂的戏剧文化，使河南当之无愧地被称为“戏曲之乡”。其中，最受群众欢迎的剧种首推豫剧，河南人谈起豫剧常常眉飞色舞，自豪之情溢于言表。

中原大地上丰厚的戏曲文化积淀，其艺术基因可以追溯到8 000多年前的舞阳贾湖文化。贾湖遗址出土的七声、八声音阶的骨笛，是目前发现的年代最早、保存最为完整，仍然能够吹奏出动人旋律的乐器。《吕氏春秋·仲夏纪·古乐》:“昔葛天氏之乐，三人操牛尾，投足以歌八阕。”葛天氏是上古时期著名的部族首领，他创制的“葛天氏之乐”是有文字记载以来最早的舞乐，也是我国音乐、舞蹈、诗歌、戏曲的主要源头。葛天氏故里河南省长葛市，也被中国地名文化遗产保护促进会认定为“千年古县”。河南安阳殷墟出土的甲骨文中，“乐”字作，象丝弦附木上，是古乐器琴瑟之形；“舞”字作，象人两手持牛尾舞动之形；“鼓”字作，象手持槌击鼓之形；“龠”字作，象编管乐器之形，象管端之孔，象编管，象连管之索。“乐”“鼓”“龠”三个字无疑说明了商代已有管弦及打击乐器，“舞”字则惟妙惟肖地记录了商人手舞足蹈的艺术表演形象。

隋唐时期，歌舞小戏《踏摇娘》流行于河内、河朔（今沁阳、新乡）一带。据《旧唐书·音乐志》记载:“《踏摇娘》生于隋末。隋末河内有人貌恶而嗜酒，常自号郎中，醉归必殴其妻。其妻美色善歌，为怨苦之辞。河朔演其曲而

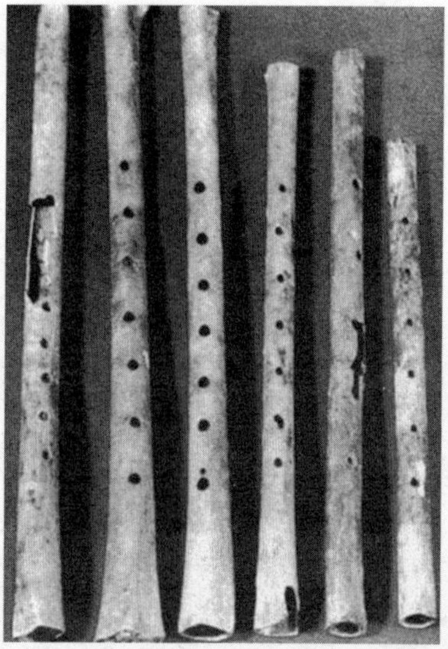

距今8 000年左右的骨笛

引自韩德英等著《中国豫剧》，河南人民出版社，1999年。

被之弦管，因写其妻之容。妻悲诉，每摇顿其身，故号《踏摇娘》。”这段记载可以看出，《踏摇娘》不仅有人物装扮、歌舞表演，而且具备了故事情节，按照王国维对戏曲“合歌舞以演故事”的定义看，无疑已是戏曲的雏形。

正是在这片具有丰厚灿烂戏曲文化的中原大地之上，豫剧酝酿、萌芽并最终发展成当今最大的地方剧种之一。那么，豫剧诞生于何时？编修于清代乾隆十年（1745）的《杞县志·风土风俗志》记载：“愚夫愚妇，多好鬼尚巫，烧香佞佛，又好约会演戏，如逻逻、梆、弦等类，尤鄙恶败俗。”经专家考证，县志里提到的“梆”当是河南梆子即豫剧的雏形。河南宝丰县人李绿园创作于清乾隆十三年（1748），成书于乾隆四十二年（1777）的长篇纪实小说《歧路灯》，用大量笔墨描写了开封一带的戏曲演唱活动。书中第九十五回提到：“陇西梆子腔，山东过来弦子戏，黄河北的卷戏，山西泽州锣戏，本地土腔大笛嗡、小唢呐、朗头腔、梆锣卷。”所谓“梆锣卷”并非一个独立剧种，而是指梆子戏、锣戏、卷戏同台演出。一直到民国时期，河南的一些地方仍然存有“梆锣卷”戏班。不同剧种同台协作演出的方式也是戏班吸引观众的一种手段，老百姓将之称为“三下汤”。根据上述材料，我们把豫剧的形成年月大体定在清乾隆

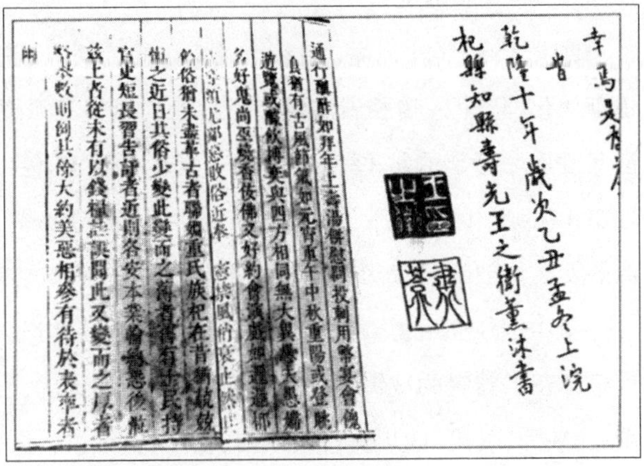
乾隆十年歲次乙丑孟冬上浣
杞縣知縣壽光王之衛薰沐書

清代乾隆十年《杞县志·风土风俗志》记载的“逻逻、梆、弦等类”

引自韩德英等著《中国豫剧》，河南人民出版社，1999年。

时期是没有问题的。

河南梆子形成后迅速发展，其流行区域不再局限于开封“内十处”的祥符、杞县、陈留、尉氏、中牟、通许、仪封、兰封、封丘、原武等县。据《中国戏曲志·河南卷》记载，清朝末年，河南梆子已经占据了东至商丘，西至渑池，南至确山，北至安阳的河南大部分区域。随着豫剧的进一步发展，由于不同区域地理环境、地方方言、民俗风情的差异，豫剧在唱腔、表演等方面逐渐形成了地域特色，出现了祥符调、豫东调、豫西调、沙河调四个不同的地域流派。祥符调又称“中路调”，是最早出现的地域流派，可看作豫剧的“母调”，主要流行于开封一带。之所以称为祥符调，是因为宋真宗于1008年将年号改为大中祥符元年，随之浚仪县改为祥符县，一直到民国初年才将祥符县改为开封县。豫东调是祥符调传入豫东地区后形成的一个流派，主要以商丘为中心，流行于永城、柘城、虞城、夏邑、宁陵以及山东西南一带的曹县、菏泽等地。沙河调的形成时间晚于祥符调、豫东调，主要以漯河、周口为中心，许昌、禹县、长葛、舞阳、临颍以及安徽的界首、阜阳等地都是沙河调的流行区域。豫西调流行于郑州以西的大部分地区，由于当地山区较多，演出时多靠山背坡搭台，所以豫西调又叫“靠山吼”。

20世纪30年代以后，随着地域流派的传播、交流和融合，彼此间的差异逐渐淡化，以个人唱腔表演风格为特点的风格流派逐渐兴起，出现了冠以表演者姓氏为标志的常（香玉）派、陈（素珍）派、崔（兰田）派、马（金凤）派、阎（立品）派、桑（振君）派、唐（喜成）派、牛（得草）派等多个流派。各个风格流派的发展与创新，无疑促进了豫剧的又一次进步与繁荣。

新中国成立后，豫剧艺术得到了空前的发展，进入了繁荣兴旺时期，不仅生根开花于省内的城镇乡村，而且迅速流布到河北、山东、山西、安徽、江苏、湖北、陕西、甘肃、四川、青海、新疆、贵州、西藏、吉林、黑龙江、台湾省区，专业剧团数量最多时达到39个，居全国地方剧种之首。

近年来，在观众娱乐审美多元化的趋势下，豫剧的发展也面临着危机。观众群越来越狭窄、演员流失、经费困难等问题，都让豫剧陷入了一定的困境。2006年5月，豫剧被列为首批国家级非物质文化遗产名录，保护与振兴这个河南人引以为傲的剧种，是这个时代给我们提出的新课题，我们期待豫剧早日迎来新的灿烂和辉煌。

图书在版编目(CIP)数据

汉字中的戏曲之美/李静著.—上海:文汇出版社,2017.12
(看懂中国字 读懂中国心/王元鹿主编)
ISBN 978-7-5496-2260-3

Ⅰ.①汉… Ⅱ.①李… Ⅲ.①汉字—研究 Ⅳ.①H12

中国版本图书馆CIP数据核字(2017)第188676号

丛书策划:张 衍
丛书主编:王元鹿
出 版 人:桂国强

汉字中的戏曲之美
看懂中国字 读懂中国心

作 者/李 静

责任编辑/乔 聿
特约编辑/徐祖友
封面装帧/王 翔

出版发行/文匯出版社
上海市威海路755号
(邮政编码200041)
经 销/全国新华书店
排 版/南京展望文化发展有限公司
印刷装订/苏州市越洋印刷有限公司
版 次/2017年12月第1版
印 次/2017年12月第1次印刷
开 本/640×960 1/16
字 数/110千
印 张/10.75

ISBN 978-7-5496-2260-3
定 价/32.00元